부자들의
세테크?
어렵지 않아요

급변하는 시장에서 부자를 꿈꾼다면,

부자들의
세테크?
어렵지
않아요

세테크는
선택이 아닌
필수다!

최용규

지음

하수들은 어떻게 하면 부동산을 저렴하게 매입할 수 있을까에만 관심이 있을 뿐, 세금에 대한 부분은 너무 소홀하게 대합니다. 그러다가 세금폭탄이라는 참담한 결과를 맞이하기도 합니다.

상가를 매도하면서 부가가치세를 별도로 받지 않아서, 보유기간 2년을 채우지 않아서 중과세 적용을 받기도 하고, 해당 부동산과 관련된 경비를 제대로 처리하지 않아서 내지 않아도 될 세금을 내는 경우를 종종 보게 됩니다.

부자들의 공통점 중 하나가 세테크에 능하다는 것입니다. 여기서 말하는 세테크란 단순히 돈을 주고 세무 전문가를 고용하는 것을 말하는 건 아닙니다. 물건을 매입하기 전부터 미리 세금에 관한 계획까지 꼼꼼하게 검토해 누구의 명의로 할 것인지, 법인으로 할지, 개인으로 할지, 단기로 투자를 할지, 중장기로 투자할지 등어떤 결정이 유리할까를 확인부터 하고, 세무 전문가들과 적극적으로 소통하여 본인 상황에 맞는 답을 찾아 냅니다.

세무대리인과 소통할 정도의 지식만 배우면 됩니다. 그럼 당신도 세테크의 귀재가 될 수 있습니다.

부동산이라는 것이 결국 사고 파는 것이므로, 세테크를 제대로 할려면 양도 개념, 취득 시기, 양도 시기를 잘 알아야 합니다. 기본적인 개념을 숙지해야 세테크도 가능한 것입니다. 그러므로 세금 공부는 선택이 아니라 필수입니다.

지금까지 살아오면서 세금 때문에 속이 상한 적이 있을 것입니다. 만약 없었다고 하더라도 부동산이 제테크 수단으로 자리 잡은 지금, 당신도 분명 앞으로 세금 문제로 한두 번은 고민하게 될 것입니다.

부자들은 세전수익은 전혀 중요하지 않다고 말합니다. 세금까지 모두 납부한 후 내 손에 남은 돈이 진정한 수익이라고 합니다. 그래서 부자들은 철저히 세후수익으로 수익률을 따집니다.

부동산 투자로 쏠쏠하게 재미를 보는 주변 사람들에게 자극 받아 나도 한 번 해보자고 부동산에 뛰어들었다면 제일 먼저 해야 할 것이 무엇일까요?

적절한 대상을 선정했다면 관련 세금부터 숙지해야 합니다.

부동산 투기를 잡으려는 정부 정책으로 정확한 정보와 지식 없이는 부동산으로 돈 벌기가 훨씬 어려워지고 있습니다. 그렇다고 미리 겁 먹을 필요는 없습니다.

본 책의 내용만 숙지해도 세금은 줄어들고, 당신의 부동산 수익률은 비례해서 뛸 것입니다.

정부는 부동산 경기의 활성과 침체를 정책으로 조절하는데, 이때 정부가 사용하는 주요 수단이 바로 세금입니다. 다시 말해 세금 정책이 바뀌면 부동산 시장의 흐름이 바뀐다고 보면 되는 것입니다. 세테크에 능한 사람이 부자가 될 확률이 매우 높아진다고 보면 됩니다.

제가 세무 강의 때마다 빠지지 않고 하는 말이 있습니다.

'모른 채 맡기지 말고, 알고 부리세요.'

대부분의 사람은 세무 대리인에게 그냥 맡깁니다. 그러나 부자들은 알고 부립니다. 세금이 누가 더 적게 나오는 가는 자명합니다. 절세의 주체는 바로 당신이어야 합니다.

그게 세테크의 시작입니다.

– 택스 코디 **최 용 규**

목차

Prologue 6

PART ① **부자들의 세테크** 15

016 ⋯ 부자를 꿈꾼다면 세테크는 필수다

019 ⋯ 세테크가 수익을 결정한다

024 ⋯ 세테크란 개념을 이해하는 것이다

027 ⋯ 세금을 낼 수 있다는 건 축복이다

032 ⋯ 세금 문제가 생기면 누구에게 물어야 하지?

037 ⋯ 세금부터 설계하라

041 ⋯ 정책을 보면 시장의 방향을 알 수 있다

PART ② **부자가 되려면 꼭 알아야 할 세금** ⋯⋯⋯ 45

046 ⋯ 집을 사기 전부터 세테크에 관심을 가지자

050 ⋯ 취득부터 양도까지 한눈에 살펴보자

053 ⋯ 실질과세의 원칙

058 ⋯ 집 사기 전 취득세를 고려하자

062 ⋯ 보유만 해도 내야 하는 세금

065··· 다주택자는 필히 체크해야 하는 종합부동산세

069··· 양도소득세 구조에 답이 있다

073··· 두 번만 읽으면 이해되는 임대사업자의 소득세

PART ③ 부자들의 상속과 증여 ················· 77

078 ··· 세대를 건너 뛴 상속, 증여는 할증된다

081 ··· 자녀의 빚을 대신 갚아줘도 증여세가 과세?

086 ··· 상속, 증여세 계산은 쉽다

092 ··· 자녀에게 부동산 증여, 이월과세제도에 유의하자

096 ··· 배우자에게 주택 증여, 절세 효과는?

100 ··· 증여 시점을 잘 선택하자

103 ··· 상속순위, 법정상속분, 유류분 청구

107 ··· 상속세를 줄여주는 상속공제

116 ··· 상속추정제도, 상속 전 현금 인출 시엔 주의가 필요하다

122 ··· 상속세 납부 방법, 연부연납제도

127 ··· 부동산을 상속 시까지 보유하면?

130 ··· 부자들의 경영권 승계

··· Contents

$\overline{\text{PART}}$ ④ 부자들의 절세 전략 ·············· 135

136 ···   명의를 분산하자

140 ···   시기를 조정하자

145 ···   손해와 이익은 상계하자

149 ···   공제는 최대한 받자

153 ···   비과세가 답이다

158 ···   중과 여부를 체크하자

163 ···   법인은 답이 아니다

166 ···   부담부 증여 활용하기

172 ···   증여세 절세 전략

Epilogue ·· 176

권말부록

알아두면 도움되는 부동산 상식 사전 ·········· 181

182 ··· 이중 국적자의 소득세 부과

185 ··· 간주매매사업자에 주의하자

188 ··· 고급주택과 고가주택의 구분

191 ··· 조정대상지역으로 지정되면 꼭 알아야 할 내용

198 ··· 세금감면 시 주의사항

201 ··· 업계약서, 다운계약서 적발되면?

205 ··· 1세대 1주택자도 알아야 하는 세금

210 ··· 상속, 증여재산 스스로 평가하기

부자들의 세테크? 어렵지 않아요

부자를 꿈꾼다면 세테크는 필수다
세테크가 수익을 결정한다
세테크란 개념을 이해하는 것이다
세금을 낼 수 있다는 건 축복이다
세금 문제가 생기면 누구에게 물어야 하지?
세금부터 설계하라
정책을 보면 시장의 방향을 알 수 있다

부자들의 세테크

부자를 꿈꾼다면 세테크는 필수다

높은 수익률을 실현하기 위해서는 재테크뿐만 아니라 세테크에 대해서도 남보다 빨리 정보를 습득하고 그에 맞게 신속히 대응해야 합니다.

'세테크'란 재테크 과정에서 필연적으로 발생하는 세금을 합법적으로 줄여서 투자 수익률을 높이는 방법들을 말합니다. 아래 상황을 예를 들어 살펴 볼까요.

세잘알 씨와 세알못 씨, 둘 다 아직 아파트를 산 지 2년이 채 안되어서 양도소득세가 과세될 수도 있습니다. 세테크에 관심있는 세잘알 씨는 양도소득세가 과세된다는 것을 알고 있고, 그렇지 못한 세알못 씨는 1주택이므로 양도소득세가 무조건 없는 것으로 알고 있습니다. 이런 상황에서 세테크에 관심있는 세잘알 씨는 양도소득세를 먼저 계산해 보고 양도소득세가 생각외로 많이 나오면 아래와 같이 할 것입니다.

1세대 1주택이지만 보유 기간이 2년이 안 되므로 2년을 더 채울려고 할 것입니다. 그런데 지금 당장 돈이 필요하다면(대출도 여의치 않음), 부동산 양도 대금의 계약금과 중도금으로 문제를 해결할 것입니다. 양도소득세 보유기간은 잔금 날짜를 기준으로 한다는 것을 알고 있어서 잔금 날짜를 조정하면 되기 때문입니다.

그런데 세테크에 무관심한 세알못 씨는 자신의 판단만을 믿고, 양도소득세 신고조차 하지 않습니다. 그러다가 어느 날 세무당국으로부터 과세예고 통지를 받고 본세와 가산세까지 부담하게 됩니다.

똑같은 상황이라도 세테크를 활용한 세잘알 씨는 세금을 내지 않아 목표 수익률을 달성했고, 세알못 씨는 세금 추징으로 수익률이 큰 폭으로 하락했습니다. 투자 수익률을 극대화하기 위해서는 세테크가 꼭 필요한 것입니다.

세테크를 잘 적용하기 위해서는 우선 세금을 정확히 알고 이해해야 합니다. 본 책이 여러분의 세테크의 출발점이 될 것입니다.

8.2 대책으로 2017년 9월 19일부터 조정대상지역 내에 있는 주택에 대해 1주택 비과세 혜택을 받으려면 2년 이상 보유해야 할 뿐 아니라 2년 이상을 거주해야 합니다.

8.2 대책 비과세 요건 강화는 발표 다음날인 8월 3일부터 바로 적용되었습니다. 그러나 그 이전에 무주택자가 이미 분양권을 매입한 상황이면 8.2 대책 적용을 받지 않기 때문에 조정대상지역 내의 주택으로 전환되었다 해도 2년 이상 거주요건을 채우지 않아도 비과세가 가능합니다. 분양권을 여러 개 구입했어도 마찬가지입니다. 그러므로 3개의 분양권을 매입했고, 주택으로 전환된 후 2채는 양도하고 마지막 1채가 남았다면 거주요건을 채우지 않아도 1주택 비과세 혜택을 받을 수가 있습니다.

세테크가 수익을 결정한다

부자들은 부동산 투자를 오래하면 할수록 세테크가 중요하다고 한결같이 말을 합니다. 아무리 높은 수익률을 올려도 세금폭탄을 몇 번 경험하면 휘청거리게 됩니다.

저는 강의 때마다 투자 계획을 세웠다면 그에 따른 세금 계획도 동시에 세우라고 늘 강조합니다. 세금을 고려하지 않거나 잘못 대처하면 몇 년간 애써 번 수익금을 고스란히 날릴 수도 있습니다. 조세세도 특성상 문제가 생기고 나서 수습을 하는 것은 사실 불가능하기 때문입니다. 세금은 사전에 미리 대비해야 원하는 목적지에 도착할 수 있습니다.

부자들은 투자의 기본은 투자금을 최소화하고 수익을 늘리는 것이라고 말을 합니다. 세테크를 통해서 100만 원이라도 아끼게 된다면 그 돈을 다른 곳에 재투자를 해서 더 큰 부가가치를 만들 수도 있습니다.

세테크는 세법 조항 하나하나를 외우고 기억하는 게 아니라, 부동산 세금이란 큰 틀에서 어떻게 운용되는지를 이해하고 적용하는 것입니다. 세부적인 법 조항은 필요할 때 찾아 점검하고 활용하면 됩니다. 그리고 부동산 관련 세법은 수시로 개정되기 때문에, 실무에 적용할 때는 법제처 등에서 현행 법령을 꼭 확인해야 합니다.

세테크를 잘 한다는 것은 곧 최종수익률을 높인다는 것입니다. 대부분 수익률을 계산할 때 투자한 실투자금 대비 발생한 수익만으로 계산하곤 합니다. 조금 더 꼼꼼히 수익률을 계산하는 사람들은 중개사 수수료와 법무비, 취득세까지 포함하기도 합니다.

제대로 된 세테크는 양도소득세, 종합소득세, 재산세 등 이후의 세금까지 고려하는 것입니다. 어차피 최종 수익은 세금을 내고 난 세후이익이기 때문입니다. 다음의 예를 한 번 볼까요.

 1억 원짜리 집을 사서 보증금 2천만 원에 월세 30만 원으로 세를 놓았다가 1억 2천만 원에 팔았다고 가정

□ **실투자금** : 1천만 원
= 매입금액 1억 원 − (대출금 7천만 원 + 보증금 2천만 원)

□ **월세 수익 : 150만 원**

= 30만 원 × 12개월 – 대출금 7천만 원 × 대출금리 연 3.0%

□ **매매 수익 : 2천만 원**

= 매도가 1억 2천만 원 – 취득가 1억 원

□ **임대수익률 : 15%**

= (월세순이익 150만 원 / 실투자금 1천만 원) × 100

□ **매매수익률 : 200%**

= (매매 수익 2천만 원 / 실투자금 1천만 원) × 100

많은 사람이 이런 식으로 수익률을 계산하고, 나쁘지 않다고 결론내립니다.

그러나 실제로는 매입, 매도, 월세에 대한 중개수수료, 등기비용, 법무비, 도배 / 장판 등의 수리비용으로 대략 250만 원은 더 지출될 것 같아 보입니다. 그뿐 아니라 집을 살 때 취득세, 보유 시 재산세, 팔 때 내는 양도소득세, 임대수익에 대한 종합소득세 등도 생각해야 합니다. 이 모든 세금을 합쳤을 때 약 300만 원이라고 가정하면, 각종 비용과 세금을 더해 550만 원의 돈이 더 지출되었습니다. 다시 계산해 보겠습니다.

□ **실투자금 : 1.550만 원**

  = 매입금액 1억 원 – (대출금 7천만 원 + 보증금 2천만 원)

    + 세금 포함 각종 비용 550만 원

□ **월세 수익 : 150만 원**(상동)

□ **매매 수익 : 1,450만 원**

  = 매도가 1억 2천만 원 – 취득가 1억 원 – 세금 포함 각종 비용

    550만 원

□ **임대수익률 : 9.7%**

  = (월세순이익 150만 원 / 실투자금 1,550만 원) × 100

□ **매매수익률 : 94%**

  = (매매 수익 1,450만 원 / 실투자금 1,550 원) × 100

어떤가요? 세금과 비용을 포함해서 계산해 보니 훨씬 낮은 수익
률이 나왔습니다. 보다시피 세금은 투자자의 최종수익률을을 결
정하는 중요한 요소입니다.

세알못

그럼 세테크를 하기 위해선 결국 세금을 계산할 줄 알아야 하는데, 어렵지 않나요?

 택스 코디

생각만큼 어렵지 않습니다.

모든 세금은 '과세표준 × 세율'이란 공식으로 계산됩니다. 그러므로 세금을 줄이기 위해서는 과세표준의 크기를 줄이거나 세율을 낮추면 됩니다. 간단하죠?

그럼 하나하나 차근히 알아가 볼까요.

부자들의 세테크

세테크란 개념을 이해하는 것이다

세테크는 복잡한 수학 공식으로 세금을 계산하는 것이 아닙니다. 정확한 개념을 숙지한 상태에서 이를 잘 활용하는 것입니다. 그러므로 전혀 어렵지 않습니다.

1세대의 개념은 양도소득세 비과세를 판단하는 데 있어 매우 중요한 개념입니다. 법에서 정한 1세대는 본인, 배우자, 본인의 직계존비속, 배우자의 직계존비속, 본인의 형제자매, 배우자의 형제자매까지 인정됩니다. 이때 형제자매의 배우자는 인정되지 않습니다. 형의 아내(형수), 누나의 남편(매형), 오빠의 아내(새언니) 등은 함께 살고 있어도 1세대로 보지 않습니다.

세알못

아내의 남동생(처남)과 함께 살고 있는데, 아내 명의 집 한 채와 처남 명의 집 한 채가 있습니다. 처남 명의 집을 판다면 양도소득세 비과세를 받을 수 있나요?

택스 코디

부인 1주택, 처남 1주택을 합해 1세대 2주택에 해당하므로 양도소득세 비과세 적용 대상이 아닙니다.

그런데 처남이 아니라 처남의 아내(처남댁) 명의의 주택이 있다면, 아내 명의 집을 팔아도 양도소득세가 과세되지 않습니다. 처남댁은 같이 살아도 같은 세대원이 아니라고 보기 때문에 1세대 1주택으로 인정되어 비과세 적용이 가능합니다.

참고로 비과세 혜택을 적용받기 위해서 세대를 분리해야 한다면, 잔금을 치루기 하루 전까지는 세대를 분리해야 합니다. 그리고 세대분리 이후 상당기간 동안 분리 상태가 유지되어야 합니다. 아례 사례를 주목할 필요가 있습니다.

A씨는 부산에서 어머니와 함께 살다 집을 팔고 이사를 하기로 했습니다. 어머니 앞으로도 집이 한 채 있었거 때문에 잔금을 치르기 전 세대분리를 통해 비과세를 받을 수 있었습니다. A씨와 어머니는 주민등록상으로만 세대를 분리했고 거주지는 그대로 아들과 함께 살았습니다. 그런데 세대분리를 하고 3개월 정도 지나서 괜찮겠다 판단한 A씨는 다시 어머니와 세대를 합쳐버렸습니다. 8개월 후 A씨는 과세당국으로부터 양도소득세 비과세 대상이 아니라는 사실과 신고불성실가산세 및 납부불성실가산세를 납부하라하는 고지서를 받았습니다.

어머니가 실제로 A씨와 다른 곳에 살고 있었다면 납세자보호담당관을 찾아가 소명함으로써 해결하는 방법도 있지만, 실제로 다른 곳에 살고 있지 않았기 때문에 A씨는 가산세를 포함한 엄청난 세금을 납부할 상황이 된 것입니다.

세금을 낼 수 있다는 건 축복이다

책쓰기 멘토인 정 효평 작가는 종종 우스갯 소리로 세금폭탄 한 번 맞고 싶다고 얘기를 하곤 합니다. 세금폭탄을 몇 차례 경험한 저는 그에게 막상 맞아 보면 엄청 아플 텐데하고 맞장구를 칩니다.

세금을 낸다는 것은 소득과 재산이 있기 때문입니다. 내가 어느 정도 돈벌이를 하고, 가진 재산이 있을 때 세금도 납부하게 됩니다. 소득과 재산이 없으면 세금을 한 푼도 내지 않을 수도 있습니다. 그런데 그게 마냥 좋은 것은 아닐 거도 같습니다.

흔히 부자세라고 불리는 종합부동산세는 주택 공시가격 합산 금액 6억 원 초과, 1주택자는 9억 원 초과 시 부과됩니다. 종합부동산세 대상이 되면 부자 반열에 이른 것입니다. 물론 추가로 세금을 내는 것이 그다지 기분 좋은 일은 아니지만, 세법에서 정한 부자 기준에 접어들었으니 너무 기분나뻐 하지 않아도 될 것도 같습니다. 대한민국에서 공시가격 9억 원이 넘는 집을 가진 사람이 그리 많지는 않으니까요.

그런 집 한 채 가져보는 게 소원이다는 사람들이 훨씬 많습니다. 본 책을 읽는 독자분이 종합부동산세 대상이 아니라면 적극적인 세테크를 통해 꼭 종합부동산세 대상이 되었으면 하는 바램입니다.

1주택자 기준 종합부동산세 과세 대상인 공시가격 9억 원 초과 공동주택(아파트) 수가 2020년 9만 가구 이상 증가하면서 총 30만 가구를 넘어섰습니다. 그 수가 늘어난 이유중 하나로 9억 원 이상 고가 아파트의 가격 상승이 9억 원 미만 아파트에 비해 높았다고도 볼 수 있습니다. 아파트 가격이 오르면 실거래 가격과 공시가격이 오르게 됩니다.

참고로 2020년 85%로 오른 공정시장가액 비율이 2022년에는 100%까지 매년 5%p 인상될 예정입니다.

종합부동산세란 보통 종부세로 불리며, 과세 기준일(매년 6월 1일) 현재 공시가 기준 1가구 1주택자 가격이 9억 원을 초과할 때 납부하는 세금입니다.

개인별로 과세되기에 1주택 소유자가 부부 2명으로 공동 명의가 되어 있다면, 인별 6억 원씩 12억 원 초과 주택에 대해 종합부동산세가 부과됩니다. 그리고 1가구 2주택자도 사람별로 6억 원이 넘는 주택에 대해 종합부동산세가 부과됩니다.

세알못

공시가격이 무엇인가요?

택스 코디

공시가격이란 정부가 세금을 부과하기 위해 매년 발표하는 부동산(땅과 주택) 가격을 말합니다.

부동산 가격은 시가(실거래가액), 공시가격, 기준시가, 시가표준액, 감정평가액 등 종류가 다양합니다. 특별히 땅에 대한 공시가격을 공시지가라고 합니다.

정부에서 발표하는 공시가격에는 4가지가 있습니다. 매년 1월 1일을 기준으로 국토교통부 장관이 전국 단독주택 418만 가구 중 22만 가구를 선정(2020년에는 1월 23일 공시)해 발표하는 전국표준단독주택 가격이 있습니다.

국토교통부는 이어 매년 1월 1일을 기준으로 전국 3,353만 필지 중 표준지 50만 필지(2020년에는 2월 13일 공시)에 대한 표준지 공시지가를 발표합니다.

이 두 가지가 전국 개별 부동산 공시가격을 산정하는 기준이 됩니다. 표준단독주택 가격을 토대로 전국 공동주택 공시가격을 산정해서 매년 공시하는 것입니다.

집값은 세금 부과와 밀접한 관계에 있습니다. 2020년 전국 아파트 공시가격 평균 상승률은 5.99%로 2007년(22.7%) 이후 13년 만에 최고치 입니다. 특히 서울은 2020년 공시가격 상승률이 14.75% 입니다. 전년보다 공시가격이 20% 이상 오른 주택이 58만 2천 가구로 전체 가구의 4%이고 대다수 수도권입니다. 그 이유는 서울 집값 상승률이 지방 집값 상승률에 비해 높기 때문입니다. 전국 공동주택 현실화율은 69%이고 정부는 실거래가 대비 80% 수준으로 끌어올릴 예정이기 때문에 공시가격은 계속 오를 전망입니다.

2020년 발표된 7.10 대책으로 다주택자의 종합부동산세 최고 세율을 6.0%로 상향조정 되었습니다. 1년 미만 보유한 주택을 팔 때 양도소득세율이 70% 부과됩니다. 다주택자, 법인 등에 대한 취득세율도 인상됩니다. 2주택은 8%, 3주택 이상과 법인은 12%를 내야 합니다. 다만 실수요자의 경우 내집 마련을 위한 공급을 확대하고 세금 부담을 낮추기로 했습니다.

정부가 2020년 7월 10일 다주택자 부동산세제를 강화하고 주

택 임대사업자 제도를 개편하는 내용의 '주택시장 안정 보완대책'
을 발표했습니다.

과세표준 94억 원을 초과하는 다주택자[01]는 종합부동산세 최고
세율이 6.0%가 적용[02]됩니다.

다주택 보유 법인에 대해서는 일괄적으로 중과 최고세율인
6.0%가 적용됩니다. 앞서 정부는 6·17 대책에서 주택 보유 법인
의 경우 최고세율을 과표구간과 상관없이 단일세율로 적용하겠다
고 밝힌 바 있습니다. 법인의 주택분 종부세에는 개인에게 적용하
는 기본공제 6억 원과 세부담 상한도 적용되지 않으니 주의가 필
요합니다.

---

01 3주택 이상, 조정대상지역 2주택

02 2020년 3.2%의 두배 수준, 지난해 주택 종합부동산세 납세자는 51만1000명으로 전체인구
    대비 1.0%

세금 문제가 생기면
누구에게 물어야 하지?

 세알못

세금 문제로 머리가 아픕니다. 누구에게 물어봐야 할지
막막하네요.

택스 코디

당연히 세금 전문가를 찾아가야 합니다.

저의 경험에 비추어 볼때 세무서에 가서 물어보는 것을 추천합
니다. 세무서는 세금을 거둬가는 일만 하는 게 아니라, 세금에 대
해서 잘 모르는 납세자들이 피해를 보지 않도록 돕는 일도 합니다.
세무 전문가에게 자문을 구하기 전에 꼭 관련 지식을 습득하는
것이 좋습니다. 그들과 소통할 정도의 지식은 있어야 제대로 된 소

통이 가능하기 때문입니다. 저 역시 많은 분들의 질문을 받는데, 질문자의 세금 상식이 너무 없으면 많은 답답함을 느낍니다.

1 국세청 126 국세상담센터

국번 없이 126번으로 전화하면 무료로 상담[03]이 가능합니다.

2 납세자보호담당관 제도

과세당국이 재량을 남용해 납세자의 권리가 침해되지 않도록 보호하는 역할을 합니다. 납세자보호담당관은 온전히 납세자들의 세금 문제를 도와주는 일만 합니다. 납세자보호담당관의 역할은 생각보다 커서 큰 도움을 받을 수도 있으니 적극 활용하면 됩니다. 국번없이 126번을 누른 뒤 3번 납세자보호담당관실을 눌러 통화하면 됩니다. 국세청 홈페이지에서 '국세정보 → 납세서비스 → 납세자보호담당관' 메뉴에서도 해당 지역의 전화번호를 알 수 있습니다.

---

03 업무시간 : 평일 9시~18시

❸ 국세청 홈택스 온라인 상담

홈택스에 로그인 후 '상담 / 제보' 서비스를 이용해도 좋습니다. 이곳에서 온라인 상담을 신청하면 간단한 사안은 24시간 내에 답변이 옵니다. 전화 상담은 바로 묻고 답을 들을 수 있어 편리하지만, 상담원까지 연결 시간이 굉장히 길어질 때도 많습니다.

❹ 국세청 국세법령정보시스템

홈택스에서 법령정보를 클릭하면 국세법령정보시스템으로 연결됩니다. 이곳에서는 해당 세목에 대한 구체적 법규를 확인해 볼 수 있습니다.

❺ 세법해석 사전답변 제도

늘 상담 마지막에는 답변에 대한 책임을 지지 않는다라는 사실을 강조합니다. 그럴 수밖에 없는 것이 전화상으로 질문의 모든 내용을 파악할 수 없기 때문입니다. 이 점이 불안하다면 국세법령정보시스템의 메뉴 중에서 세법해석 사전답변 제도를 이용할 수 있습니다. 이 제도를 이용해서 질문하고 답변을 받으면, 추후 과세당국이 사전답변내용을 번복할 수 없어 답변서대로 안심하고 처리할 수 있습니다.

⑤ 마을세무사

세무사들이 재능기부를 통해 세무 상담 등 서비스를 제공하는 제도로 지방세 불복청구를 무료로 지원하는 제도를 마을세무사라고 합니다. 서울시와 대구시에서 운영되었다가 현재는 많은 도시에서 시행하고 있습니다.

인터넷에서 마을세무사로 검색하면 행정자치부 홈체이지(www. moi.go.kr)의 업무안내 → 지방재정경제실에서 확인할 수 있습니다.

⑥ 한국납세자연맹

국내 유일의 조세 관련 NGO(비정부조직)인 한국납세자연맹 홈페이지(www.koreatax.org) 많은 정보를 얻을 수 있습니다. 이곳은 모든 납세자의 권익을 보호하고, 부당하고 과도한 세금이 징수되거나 집행되는 것을 감사한다는 목적으로 설립돼었습니다. 세무, 회계 분야의 전문가 상담 및 납세자에 대한 양질의 교육을 진행하는 기관이기도 합니다.

홈페이지에서는 세금에 관한 다양한 정보를 접할 수 있는데, 특히 봉급 생활자를 위한 연말정산 정보와 맞벌이 부부를 위한 맞춤

형 절세 정보는 아주 유익합니다. 특히 세테크계산기 서비스는 몇 가지 항목을 입력하면 간단히 세금을 계산해 줍니다. 양도소득세 계산기, 취득세 계산기, 연말정산 계산기, 신용카드 계산기 등이 있습니다.

정부 지원을 받지 않고 후원자들의 후원을 통해 운영됩니다. 이곳의 정기후원자가 되면 1대1 맞춤 컨설팅이나 세테크 교육 무료 참가 및 할인 혜택 등을 제공하니 참고 바랍니다.

그 밖에도 세금 문제를 문의할 수 있는 관공서는 생각보다 많습니다. 국세청 법규과, 국세청 세목소관 담당과, 행정자치부, 지방세의 경우에는 해당 시, 군, 구청 담당자에게 문의할 수도 있습니다.

다시 강조하지만 사전에 관련 지식은 숙지해서 전문가와 적극적인 소통을 해야 합니다. 그래야 제대로 된 질문을 할 수 있고 맞는 답을 찾을 수 있습니다. 그리고 세금에 대해서 만은 결정을 내리기 전에 반드시 세테크 계획을 잘 세워 후회할 일이 생기지 않기를 당부합니다.

세금부터 설계하라

　부동산 수익은 매입가격에서 대출금과 월세 또는 전세 보증금을 뺀 금액, 즉 실투자금 대비해서 얻게 되는 임대수익이나 매매수익입니다. 실투자금이 적게 들수록, 발생하는 수익이 많을수록 수익은 커집니다.

　대부분의 세테크 하수들은 실투자금을 계산할 때 그 부동산을 얻기 위해 들어가는 각종 비용을 간과합니다. 단순하게 대출금과 보증금 등 당장 들어간 비용만 생각하고, 수수료나 세금 등의 비용은 얼마되지 않을 거라 생각하고 지나쳐 버립니다. 이런 습관은 아주 잘못된 것입니다. 그깟 세금 얼마 되겠어라고 지나쳤다가 추후 과세된 금액을 보고 깜짝 놀라 세금 낼 돈을 만드느라 애쓰는 경우도 제법 자주 접합니다. 적게는 몇백만 원, 많게는 몇천만 원이 필요할 수도 있습니다. 부동산은 다른 것에 비해 규모가 크기 때문에 과세되는 세금 규모 역시 크기 때문입니다.

　다시 한 번 강조하지만 투자 계획을 세울 때부터, 세금에 대한 계획도 같이 세워야 합니다. 세테크 고수의 사례를 같이 살펴 볼까요.

세잘알 씨는 부동산 중개인으로부터 강남의 10억 원짜리 아파트를 소개 받습니다. 전세 보증금이 9억 5천만 원에 육박하고 있었으므로 중개인은 실투자금 5천만 원으로 강남 아파트를 장민할 절호의 기회라고 부추겼습니다. 그러나 세잘알 씨는 결국 이 아파트를 포기0매가 10억 원에 85㎡를 초과하는 주택은 취득세 3%[04]와 농어촌특별세 0.2%, 교육세 0.3%를 더한 총 3.5%를 취득 시 세금으로 납부해야 합니다. 결국 3,500만 원을 내야 하는 것입니다. 거기에 중개수수료까지 더해야 하고 말이 좋아 실투자금 5천만 원이지 취득세와 수수료를 합하면 실제 들어가는 돈은 거의 1억 원이 들어갑니다. 그 정도 투자는 무리라 판단하고 과감히 포기한 것입니다.

그와 반대로 세테크 하수들은 세금의 중요성을 간과하고 실투자금 5천만 원이란 말에 혹합니다. 그러다가 예상 못한 세금에 곤혹스러워 합니다. 그러므로 투자를 결정하기 전에 꼭 세금을 따져봐야 합니다.

---

04 조정대상지역 내 2주택자는 8%, 3주택자는 12%

부자들은 세테크에 능합니다. 그들은 세금부터 설계하고 일을 진행합니다.

세금을 설계한다는 것은 세금의 조건을 납세자에게 유리하게 이끌어 원하는 목표를 달성한다는 개념입니다.

집을 사거나 팔 때, 재산을 상속하거나 받을 때는 사전에 치밀한 계획을 세우고 실행할 필요가 있습니다. 세금 설계란 먼저 알고 사전에 준비해야 하는 것입니다.

예를 들어 2주택을 보유하고 있다면 먼저 비과세나 감면 등이 있는가를 확인하고, 이러한 혜택이 없는 경우에는 둘 중 세금이 적은 것을 먼저 양도하는 식으로 계획을 세워야 합니다.

세금을 설계하지 않고 양도하면 앞으로는 남아 보이지만 뒤로는 밑지는 경우가 발생하게 됩니다.

부동산 세금에서 가장 중요한 절세법은 사업자처럼 영수증을 모아 세금을 줄이는 것이 아니라 사전에 세금 설계부터 하는 것입니다.

정책적인 목적으로 일정한 요건에 해당하는 경우 낮은 특례세율을 적용하거나 세액공제, 소득공제 등 조세를 감면해주는 내용을 규정한 법률을 조세특례제한법이라고 합니다.

어떤 조건을 충족하면 세금을 깎아준다는 조항이 많기 때문에 세테크 고수가 되기 위해서는 반드시 알아야 합니다. 특히 조세감면조항을 정확히 이해하고 숙지하는 것이 중요합니다.

과세당국은 세금을 깎아주거나 면제해 주겠다면서 조건을 내겁니다. 그 조건은 매우 다양하고 복잡해 보이지만, 절세를 위해서는 꼭 활용할 필요가 있습니다.

세금은 거둬갈 때는 별도의 신고없이 자동으로 거둬가지만, 감면이나 환급을 받을 때는 반드시 납세자가 신고나 신청을 해야 합니다. 그러므로 적극적으로 찾아서 활용하는 것이 수익률을 높일 수 있게 됩니다.

절세를 통해서 절약할 수 있는 돈은 생각보다 큽니다. 적게는 몇만 원에서 많게는 몇천만 원까지 차이가 납니다. 그러므로 세테크를 통해 절약한 돈을 다시 투자해 활용하는 사람이 부자가 되는 것입니다. 하루라도 빨리 경제적 자유를 얻고 싶다면 세금 공부는 이제 필수입니다.

정책을 보면 시장의 방향을 알 수 있다

세금이란 공권력을 가진 국가 또는 지방자치단체가 재정 조달의 목적으로 법률에서 규정하는 과세 요건을 충족하는 모든 사람에 대해 강제적으로 부과, 징수하는 금전입니다.

국가는 거둬들인 세금으로 국방, 경찰, 도로, 공원 등의 공공재를 공급하고 국민들은 이를 사용해서 혜택을 누립니다. 미국 어느 판사의 말처럼 세금은 문명사회에 대한 대가인 것입니다.

세금 문제로 수많은 사람들이 고민하는 것을 봅니다. 그들 대부분은 평소 세금에 대해 전혀 관심이 없다가 어느 날 갑자기 세금 폭탄을 맞거나 세무조사를 맞고나서 세무전문가를 찾아 갑니다.

아무런 대비를 하지 못한 상황에서 상속 또는 증여가 이루어지거나, 재산을 양도하면서 세무조사를 맞거나 소명을 요구해야 하는 과정에서 곤란한 상황에 처하게 됩니다.

상속 시 문제가 발생하면 과세 관청은 피상속인과 상속인의 금융거래 내역을 조회하고 소명을 요구하는데, 상속인은 금융거래 내역을 기억하지도 못한 채로 소명을 하지 못해 세금을 더 추징당하는 경우도 빈번합니다. 더군다나 상속인이 형제자매 등 여럿일 때는 상속과 세금을 둘러싸고 문제가 생겨 가족 관계가 파탄나는 경우도 종종 있습니다.

양도 시 주택을 취득하고 수억 원의 비용을 들여 대대적으로 공사를 했는데, 사업자등록을 하지 않은 공사업자에게 일을 맡겨 공사비 증빙을 받지 못해 결국 비용처리를 하지 못해서 큰 금액의 세금을 내는 경우도 있습니다.

세금에 대해 조금만 관심을 가졌다면 기본적인 내용은 숙지하고 당연히 관련 증빙은 챙겼을 것입니다. 세금은 앎면 알수록 줄어드는 것입니다.

부동산 세금은 늘 움직입니다. 정부는 세제를 통해 일정한 정책 효과를 얻기 위해 더 다양한 제도를 세법에 반영할 것이기 때문입니다. 부동산 세법이 복잡해 보이는 이유도 바로 여기에 있습니다.

이렇게 변화하는 세금 환경에 맞춰가지 못하면 당신의 소중한 재산을 세금으로 날릴 가능성이 매우 높습니다. 본 책을 통해 부동산 세금에 대한 구조를 파악하고 자신의 상황에 맞는 절세법을 찾을 수 있을 것입니다.

앞으로 부동산 세금은 다주택자의 시대에서 실소유자의 시대로의 전환을 촉진시키는 역할을 할 것으로 판단됩니다. 2020년을 기점으로 주택의 다운사이징을 시작해야 할 것입니다. 그리고 손해를 보지 않기 위해서 세금 공부를 통해 세금에 대한 대처능력을 키워야 합니다.

부동산 감각이 뛰어난 세테크 고수들은 개인 앞으로 부동산을 보유하지 않고, 새롭게 떠오른 대안이 개인에 대한 여러가지 세제규제를 단박에 피할 수 있는 법인으로 우르르 몰렸습니다. 그러나 정부는 법인이 시장을 교란한다고 판단하여 법인에 대한 세법을 강화합니다. 지금의 세금제도는 영원하지 않습니다.

부동산 세금은 고정적이지 않고 늘 움직이는 것입니다.

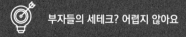 **부자들의 세테크? 어렵지 않아요**

집을 사기 전부터 세테크에 관심을 가지자
취득부터 양도까지 한눈에 살펴보자
실질과세의 원칙
집 사기 전 취득세를 고려하자
보유만 해도 내야 하는 세금
다주택자는 필히 체크해야 하는 종합부동산세
양도소득세 구조에 답이 있다
두 번만 읽으면 이해되는 임대사업자의 소득세

부자가 되려면 꼭 알아야 할 세금

②

집을 사기 전부터 세테크에 관심을 가지자

월세나 전세로 사는 경우에는 집주인이 주택임대사업자등록이 되어 있는가를 살펴보면 좋습니다. 사업자등록이 되어 있으면 마음대로 월세를 인상할 수 없기 때문입니다. 정부에서는 주택임대사업자들을 대상으로 임대차 계약을 맺을 때마다 종전 임대료의 5% 이상을 인상하지 못하도록 법으로 규제하고 있습니다.

주거비에 대한 세제 혜택은 아래와 같습니다 .

[주거비에 대한 세제 혜택]

구분	혜택	대상
월세	월세 지출액 ×10 ~ 12% 세액공제	연봉 7천만 원 이하 무주택 근로자
전세	대출원리금 상환액 × 40% 소득공제 (한도 300만원)	무주택 근로자
내 집 마련	대출이자 상환액 × 100% (한도 300 ~ 1,800만 원)	무주택 근로자 (세대원)

만약 집을 사기로 했다면, 어느 지역에서 얼마짜리 집을 살 것인가를 정해야 합니다. 최근에는 무주택자들을 대상으로 신규 분양 주택의 75%를 우선 공급하는 제도가 적용되므로 청약 가점[01]을 확인해 보고 이에 대한 준비를 해 두는 것이 필요합니다.

자금조달 방법을 포함해 자금 계획을 세워야 합니다. 대출이 원하는 만큼 잘 나오지 않을 가능성이 높기 때문입니다. 부족한 자금은 가족 등의 도움을 받기도 하는데, 이런 경우에는 자금출처 조사를 받을 수도 있다는 사실에 유의해야 합니다.

명의도 잘 정해야 합니다. 1세대가 보유한 주택 수가 2주택 이상이면 양도소득세가 중과되거나 종합부동산세가 추가과세 될 수도 있습니다. 그러므로 취득 전에 이런 문제를 잘 고려해서 결정해야 합니다.

집을 취득할 때는 단독병의로 할 것인지 공동명의로 할 것인지도 고려해 봐야 합니다. 실무적으로 1주택자의 경우에 부부간 공동명의를 하면 당장에는 실익이 없을 수도 있지만, 추후 명의 분산에 따른 효과를 볼 수도 있습니다.

---

01 일반적으로 높은 가점을 받으려면 무주택 기간과 청약저축 기간, 부양가족 수 등이 길거나 많아야 합니다.

세테크에 관심을 가져야 합니다. 그러기 위해서는 세제 제도에 대해서도 알아 두어야 합니다. 집을 사게 되면 1 ~ 4%의 취득세가 부과됩니다. 그리고 매년 6월 1일을 기준으로 재산세가 발생하며, 팔 때는 양도소득세를 신고, 납부해야 합니다.

부동산과 관련된 소득은 크게 3가지로 구분되며 아래와 같습니다.

1 사업소득

사업소득이란 사업자가 창출한 소득을 뜻합니다. 부동산과 관련된 사업소득은 임대와 매매 시 발생하는 소득입니다.

이런 사업소득은 원칙적으로 종합과세[02]됩니다.

개인사업자가 양도소득세가 중과세 되는 부동산을 양도하면 종합소득세와 양도소득세 중 많은 세액을 납부하는 제도(비교과세)가 적용 됩니다.

2 양도소득

개인이 부동산을 양도해서 얻은 소득을 말합니다. 이런 소득은

---

02 주택임대소득이 연간 2천만 원 미만인 경우 분리과세

양도소득세가 과세됩니다.

❸ 법인소득

법인이 부동산을 임대하거나 매매하면 법인에게 세금이 과세됩니다. 임대소득과 매매소득을 합산한 이익에 대해 과세(법인세)됩니다.

주택이나 비사업용 토지를 매매해 얻은 이익에 대해서는 20%를 추가해 과세(추가과세)합니다.

법인의 이익을 대표이사의 급여로 지급하거나 주주에게 배당을 주는 경우 근로소득이나 배당소득 등이 발생합니다.

취득부터 양도까지 한눈에 살펴보자

부동산 세금이 유독 어렵게 느껴지는 이유는 종류가 너무 많아서 입니다. 부동산을 살 때, 팔 때도 세금을 내야 하고, 가지고 있을 때, 임대를 놓아 임대료를 받을 때도 내야 합니다. 그런데 하나하나씩 잘 살펴보면 생각만큼 어렵지 않습니다.

먼저 부동산을 취득하면 취득세를 내야 합니다. 말 그대로 취득할 때 내는 세금인데, 이때의 취득은 돈을 주고 사는 것만 의미하는 것이 아니라 승계나 명의이전 등을 통해 소유권이 넘어가는 것 전체가 해당됩니다.

아파트 등 주택에 대한 취득세는 매매가 6억 원 이하 주택인 경우 1%[03]이고 6억 원 초과 주택은 조금 더 높습니다.

....

[03] 85㎡ 이하 주택은 지방교육세 0.1%가 추가되고 85㎡ 초과 주택은 지방교육세 0.1%와 농어촌특별세 0.2%가 추가

보유하고 있는 것만으로도 세금이 발생합니다. 부동산의 대표적인 보유세는 재산세와 종합부동산세 입니다. 아파트 등 주택의 재산세는 과세표준에 따라 0.1 ~ 0.4%까지 부과됩니다.

종합부동산세는 과세표준에 따라 0.6 ~ 6.0%까지 부과됩니다. 종합부동산세는 기준시가 6억 원 이상(1세대 1주택자는 9억 원 이상)의 고가주택을 소유했을 때 내는 세금입니다.

부동산 임대를 통해 발생하는 소득에 대해서도 세금이 발생합니다. 임대소득세는 종합소득세의 한 분야로 근로소득이나 사업소득 등을 합산해서 계산됩니다. 소득의 크기에 따라 기본세율(6 ~ 45%)이 적용됩니다. 개인일 경우 종합소득세, 법인이라면 법인세를 신고, 납부해야 합니다.

그리고 가장 신경쓰이는 세금이 팔 때 발생하는 양도소득세입니다. 양도차익(판 가격 - 산 가격)에 대해 메기는 세금입니다. 양도차익에서 필요 경비를 공제한 과세표준에 따라 기본세율(조정지역은 추가과세)이 적용됩니다. 단 주택은 매입 후 1년 내에 팔게 되면 70%의 단일세율이 적용됩니다.(중과세율 적용대상자는 비교과세)

사업자인 경우에는 부가가치세 대상(85㎡ 초과 주택, 상가 등)을 매도하면 10% 부가가치세가 발생합니다.

부자가 되려면 꼭 알아야 할 세금

합당한 대가와 교환하지 않고 부동산 등의 자산을 다른 이에게 넘겨주면 증여세가 발생하고, 그것이 사망으로 인한 상속일 경우 상속세가 발생합니다. 10 ~ 50% 누진세율이 적용됩니다. 일반적으로 상속의 공제금액이 증여의 공제금액보다 큽니다. 이는 상속은 일생에 한 번 가능한데, 증여는 여러 번 가능하기 때문입니다.

[부동산 세금 종류 및 납부방법]

구분		납부 시기	납부 방법
국세	양도소득세	양도일이 속하는 달의 말일부터 2개월 이내	관할 세무서나 홈택스에서 신고납부
	종합부동산세	매년 12월 1일 ~ 15일	고지서 수령 후 관할 세무서나 홈택스에서 납부
	상속세	상속개시일이 속하는 달의 말일부터 6개월 이내	관할 세무서나 홈택스에서 신고납부
	증여세	증여일이 속하는 달의 말일부터 3개월 이내	관할 세무서나 홈택스에서 신고납부
지방세	취득세	취득일로부터 60일 이내	관할 지자체나 위택스에서 신고납부
	재산세	**1기** : 7월 (16일~31일) **2기** : 9월 (16일~30일)	고지서 수령 후 관할 지자체나 위택스에서 납부

실질과세의 원칙

세금을 부과할 때는 몇 가지 원칙이 있습니다.

대표적인 것이 실질과세의 원칙과 근거과세의 원칙입니다. 실질과세의 원칙이란 법적인 서류가 어찌 되었던 간에 실제로 사용된 용도에 준해, 그리고 실제 수익을 본 사람을 대상으로 과세를 한다는 것입니다.

가령 오피스텔은 사무용 시설이지만 주거용으로도 쓸 수 있습니다. 오피스텔이 실제로 어떻게 사용되는가에 따라 부과되는 세율이 달라질 수 있습니다 1세대 1주택자인 A씨가 오피스텔을 매입해서 세를 놓았다고 가정하고, 이 오피스텔을 사무실 등 사무용 공간으로 임대를 놓았다면 A씨는 여전히 1세대 1주택자이고 그에 따른 세금 혜택을 받을 수 있습니다. 그러나 이것을 주거용으로 세를 놓았다면 1세대 2주택자가 됩니다.

지목에 따른 취득세의 경우다 마찬가지입니다. 농지의 취득세

(농어촌특별세와 지방교육세 포함)는 1.6 ~ 3.4%지만, 일반 대지는 4.6%입니다. 그런데 서류상 지목은 농지로 되어 있지만 실제로는 농사를 짓지 않고 일반 대지로 사용하는 경우가 종종 있습니다. 이 땅을 매입했다면 비록 서류상 지목이 농지로 되어있더라도 취득세는 4.6%로 납부해야 합니다.

살펴본 바와 같이 세금은 서류에 어떻게 되이 있든지 실세로 쓰이는 용도에 따라, 그리고 실제 수익을 얻는 사람에 대해 부과하는 것이 원칙입니다.

과세당국이 과세를 하기 위해선 근거가 있어야 합니다.

B씨는 70채의 집을 가지고 있는데 임대소득세를 신고하지 않았습니다. 과세당국이 B씨에게 집이 70채나 있는데 왜 세금을 내지 않냐고 물으니 B씨는 70채 모두 전세를 놓았다고 합니다. 2021년까지는 전용면적 40㎡ 이하이고 기준시가 2억 원 이하인 주택[04]은 소형 주택이라 하여 전세보증금 과세대상에서 아예 제외되어 소득세 과세 대상이 아닙니다.

만약 과세당국이 B씨에게 임대소득세를 매기려면 실제로 B씨가 임대를 통해 수익을 얻고 있다는 근거를 제시해야 합니다. B씨

---

04 2018년까지는 전용면적 60㎡ 이하, 기준시가 3억 원 이하

의 임차인을 모두 찾아가 정말 전세로 살고 있는지 임대차계약서나 통장으로 입금되는 월세 기록 등을 찾아서 그 근거를 가지고 과세를 해야 합니다.

정부가 임대차계약시를 전산화하고 월세에 대한 소득공제 혜택을 점차 확대하는 이유 역시 세금을 과세하기 위한 근거를 마련하는 것과 무관하지 않습니다.

최근 정부의 각종 규제가 아파트에 집중되다 보니 주거수단으로서 아파트를 대체할 수 있는 주거용 오피스텔에 수요가 몰리고 있다고 합니다.

오피스텔은 원칙적으로 업무용 건물에 해당하지만, 요즘은 원룸처럼 주거용으로도 많이 사용합니다. 세법의 실질과세원칙에 따라 건물의 경우 등기부등본 등의 공부[05]상의 용도와는 상관없이 실제 사용되는 형태에 따라 주택으로 보기도 하고, 업무용 건물로도 보기도 합니다.

오피스텔도 상시 주거용으로 사용하는 경우에는 주택으로 보고, 업무용으로 사용하면 사업용 건물로 보아 각기 다른 세법이 적용됩니다.

---

05 관청이나 관공서에서 법규에 따라 작성, 비치하는 장부

그러므로 오피스텔을 취득 시 주거용으로 사용할지 아니면 업무용으로 사용할지에 따라서 취득 시 부담한 부가가치세 매입세액을 환급받을 수 있고, 그렇지 못할 수도 있습니다.

건설사가 오피스텔을 분양할 때 건물 부분은 부가가치세가 과세되기 때문에 세금계산서를 발행하고, 토지 부분은 부기가치세가 면제되므로 계산서를 발행합니다.

오피스텔을 분양받아 업무용으로 사용하거나 임대를 하는 경우에는 부가가치세 신고 시 매입세액공제가 가능하므로 분양받을 때 부담한 부가가치세를 환급받을 수 있습니다. 이때 주의할 점은 반드시 일반과세사업자로 사업자등록을 해야 합니다[06].

이렇게 환급받은 오피스텔은 직접 사업을 위해 사용할 수도 있고, 업무용으로 임대할 수도 있습니다. 임대하는 경우에는 매출이나 임대료에 대한 부가가치세를 내야 합니다. 또한 임대료는 사업소득이므로 다른 소득과 합산해 종합소득세 신고도 해야 합니다.

임차인이 항상 주거용으로 사용하는 오피스텔의 임대소득은 주택 임대소득으로 간주되어 부가가치세가 면제됩니다. 이렇게 주거용으로 사용하거나 임대를 주는 오피스텔은 부가가치세를 내지

---

06 간이과세사업자는 부가가치세 환급이 불가합니다.

않는 대신에, 그 오피스텔을 분양 받으면서 부담한 부가가치세도 환급받을 수 없습니다. 그리고 주거용 오피스텔은 주택으로 간주되기 때문에 주택 임대소득에 대한 소득세 과세 여부를 따질 때 주택 수에 포함해야 합니다.

단, 임대를 하는 그 오피스텔의 소유자가 부부 합산해서 다른 주택이 없고, 그 오피스텔의 기준시가가 9억 원 이하인 경우에는 1주택의 임대로 봐서 임대소득에 대해 소득세가 비과세됩니다.

 세알못

만약 오피스텔을 분양받으면서 그 오피스텔을 업무용으로 사용하거나 임대하려고 부가가치세를 이미 환급받은 후에 예상과 달리 주거용으로 임대를 할려면 어떻게 하나요?

 택스 코디

임대사업자 등록을 폐업하고 당초에 환급받은 부가가치세를 다시 납부한 뒤 주택 임대로 돌리는 것이 좋습니다. 이렇게 하는 것이 부가가치세뿐만 아니라 소득세도 내지 않을 수 있기 때문에 장기적으로 유리합니다.

집 사기 전 취득세를 고려하자

주택을 구입하려는 사람들 중 상당수가 간과하는 것이 세금입니다. 주택가격 자체가 워낙 높다보니 취득세 등 주택거래의 부대비용에 대해서는 당장 생각이 미치지 못하기 때문입니다.

하지만 역설적으로 주택가격이 높을수록 취득세에 대한 부담도 커집니다. 특히 2020년 세법 개정으로 주택 수와 지역에 따라 취득세가 매우 무겁게 부과되도록 세율이 바뀌었습니다. 주택 취득자금 마련을 위해서라도 취득세 부담 확인이 꼭 필요한 이유입니다.

주택을 구입하면 어느 정도의 취득세 부담을 고려해야 하는지, 주택구입 상황별로 따져볼까요.

취득하는 주택으로 1세대 1주택자가 되는 경우 기본적인 취득세율은 1%입니다. 집이 없는 사람이 주택 1채를 3억 원에 구입했다면 주택가격의 1%인 300만 원을 취득세로 내야하는 것입니다.

다만 1세대 1주택이라도 취득하는 주택가격이 6억 원이 넘는 경우부터는 취득세율이 오르게 됩니다. 취득가격이 6억 원을 초과하는 경우부터 9억 원 이하까지는 150만 원당 0.1%씩 세율이 더해져서 1.01%~3%까지 200개 구간으로 세율이 세분화 돼 있습니다. 6억 원은 1%, 6억200만원은 1.01%의 세율이 적용됩니다. 주택 취득가격 9억 원부터는 일괄적으로 3%씩 취득세를 부담합니다.

정부는 전월세 대책의 하나로 유상으로 취득한 모든 주택에 대한 취득세율을 아래와 같이 영구적으로 인하했습니다.

[주택 취득세율]

구분	종전	변경	비고
6 억 원 이하	2%	1%	1세대 1주택자가 조정대상지역 내 추가 주택 취득 시 중과
6 억 ~ 9 억 원 이하	2%	2% 내외	
9 억 원 초과	4%	3%	

취득하는 주택이 생애 최초의 내집이라면 취득세 감면혜택을 받을 수 있습니다. 생애 최초 취득주택 취득세 감면제도가 2020

부자가 되려면 꼭 알아야 할 세금

년 8월 12일부터 새로 생겼기 때문입니다.

2020년 8월 12일 이후 생애 최초 취득주택이 1억5,000만 원 이하의 주택이면 취득세가 전액면제되며, 3억 원(수도권은 4억 원) 이하 주택은 취득세를 절반만 내면 됩니다.

생애 최초 주택구입에 대한 취득세 감면혜택은 연령이나 혼인 여부와 무관하게 적용받을 수 있습니다. 취득자와 배우자의 소득이 각각 7,000만 원 이하이면 되고, 주민등록부에 포함된 세대원 모두가 주택을 보유했던 이력이 없어야 감면대상이 됩니다.

2020년 7월 10일 이후 다주택자가 주택을 취득하는 경우에는 취득세가 무겁게 부과됩니다. 특히 조정대상지역 내 주택 취득에 대한 세부담이 큽니다.

새로운 주택 취득으로 2주택이 되는 경우 취득세율은 주택 취득 가격에 따라 1~3%로 1주택자와 동일하지만, 이 때 취득하는 주택이 조정대상지역 내의 주택이라면 취득세율이 8%로 뛰게 됩니다. 예를 들어 1주택자가 2020년 7월 10일 이후 조정대상지역내 주택을 6억 원에 추가로 취득하면 취득세 4,800만 원을 부담해야 합니다.

다만 이사를 위해 구입하는 주택 때문에 일시적으로 2주택이 되는 경우 종전주택을 3년 이내에 처분하는 조건으로 1세대1주택과 동일한 1~3%의 세율이 적용됩니다. 단, 조정대상지역에서 조정대상지역으로 이사하는 경우에는 1년 이내에 종전주택을 처분해야 낮은 세율을 적용받습니다.

3주택이 되는 주택 취득에는 기본 취득세율이 8%입니다. 여기에 취득하는 주택이 조정대상지역이면 12%의 중과세율이 적용됩니다. 이미 2주택을 보유한 사람이 조정대상지역인 서울의 10억 원 주택을 추가 취득하면 무려 1억2,000만 원을 취득세로 부담할 각오를 해야 합니다.

4주택 이상의 취득세율은 지역 구분 없이 12%입니다. 즉, 3주택자는 전국 어느 곳의 주택을 추가로 취득하더라도 집값의 12%를 취득세로 내야 합니다.

다주택자는 조정대상지역이면서 공시가격 3억 원 이상의 주택을 '증여'받는 경우에도 일반적인 증여취득세율 3.5%가 아닌 12%를 적용받습니다.

보유만 해도 내야 하는 세금

문재인 정부 출범 이후 서울시가 각 개인과 법인에 부과한 재산세가 3년 새 39% 증가한 것으로 나타났습니다. 재산세가 이 기간 40% 이상 오른 구가 25구 가운데 10곳에 달합니다. 강남·서초·송파 등 강남 3구나 이른바 '마용성'(마포·용산·성동)뿐 아니라 영등포·양천·강동·동작 등도 크게 증가한 재산세 고지서를 받아들었습니다. 사실상 지역을 가리지 않고 '재산세 폭탄'이 현실화한 셈입니다.

재산세가 대폭 오른 이유는 서울 집값이 이 기간 크게 오른 데다, 정부가 재산세를 매길 때 기준이 되는 주택 공시가격과 개별 공시지가를 올린 것이 영향을 끼친 것입니다. 공시가격이 빠르게 오르면서 재산세 증가율도 단기간에 높아진 셈이죠.

대표적인 보유세인 재산세는 매년 결정되는 공시가격에 공정시장가액비율을 곱한 후 재산세율을 반영해서 계산합니다.

우선 공시가격은 한국감정원 부동산 공시가격 알리미 홈페이지

에서 주소만 입력하면 금방 조회할 수 있습니다.[07]

공정시장가액비율은 주택가격 변동과 지방재정여건 등을 고려해 공시가격의 반영비율을 정하는 것인데, 2020년 현재는 60%로 고정돼 있습니다.

재산세율은 과세표준 6,000만 원 이하 0.1%, 6,000만 원 초과 ~1억5,000만 원 이하 0.15%, 1억5,000만 원 초과~3억 원 이하 0.25%, 3억 원 초과 0.4%로 구분됩니다.

검색된 공시가격에 60%를 곱하면 과세표준이 나오고 여기에 세율을 곱하면 납부할 재산세액이 산출되는 것입니다. 가령 공시가격 3억 원인 아파트의 재산세는 3억 원의 60%인 1억8,000만 원에 세율 0.25%를 곱한 45만 원이 됩니다.

하지만 실제 재산세 고지서에는 재산세와 함께 지방교육세와 재산세 도시지역분이라는 세금도 포함됩니다. 지방교육세는 산출된 재산세액의 20%이고, 도시지역분은 재산세 과세표준에 0.14%를 곱해서 계산됩니다.

공시가격 3억 원 아파트를 다시 계산해 보면 재산세 45만 원의

---

07 아파트 등 공동주택과 단독주택의 공시가격은 4월 말에 공시됩니다.

부자가 되려면 꼭 알아야 할 세금

20%인 9만 원은 지방교육세, 재산세 과세표준 1억8,000만원의 0.14%인 252,000원은 도시지역분이 됩니다. 이 아파트 집주인은 재산세, 지방교육세, 도시지역분을 모두 합한 792,000원을 재산세로 내야 하는 것입니다.

참고로 재산세는 그 세액을 절반으로 나눠 7월과 9월에 고지하기 때문에 이 집주인의 실제 재산세 고지서에는 납부할 세액이 각각 396,000원으로 찍히게 됩니다.

다주택자는 필히 체크해야 하는 종합부동산세

종합부동산세는 재산세를 내는 납세자 중 고가의 많은 주택을 보유한 경우에만 부담하는 세금입니다. 재산세와 같이 공시가격을 기초로 계산하면서도 주택이 여러 채인 경우에는 공시가격을 합산하고 보다 무거운 세율로 세금을 물린다는 차이가 있습니다.

1세대 1주택인 경우 공시가격에서 9억 원을 공제해 9억 원 초과부분에 대해서 종합부동산세를 내지만, 2주택 이상부터는 공시가격에서 6억 원만 공제해 6억 원 초과분에 대해 종합부동산세를 내야 합니다.

공시가격에서 공제금액을 뺀 후에는 종합부동산세도 재산세처럼 공정시장가액비율을 곱해서 과세표준을 산출합니다. 다만 재산세는 공정시장가액비율이 60%로 고정되어 있지만, 종합부동산세는 2020년 90% 2021년에는 95%, 2022년 이후에는 100%로 공정시장가액비율이 달라집니다.

부자가 되려면 꼭 알아야 할 세금

공제액을 제외한 공시가격의 공정시장가액비율만큼이 종합부동산세 과세표준인데, 여기에 종합부동산세율을 곱하면 종합부동산세를 산출할 수 있습니다.

종합부동산세율은 보유지역과 보유주택수에 따라 세율이 구분되어 다소 복잡합니다.

1세대 1주택자나 조정대상지역이 아닌 일반지역 2주택자는 과표구간별로 0.6%~3.0%의 세율이 적용됩니다. 조정대상지역 2주택자나 3주택 이상을 보유한 경우에는 여기에 각 과표구간별로 0.6%p~3.0p를 누진해서 더한 1.2%~6.0%의 높은 세율을 곱해서 종합부동산세를 계산합니다.

과세표준에 세율을 곱하면 종합부동산세가 계산되는데, 계산된 세액에서 재산세과표와 중복된 부분만큼은 공제하는 절차도 있습니다. 같은 주택에 재산세도 부과하고 종합부동산세도 부과하기 때문에 겹치는 부분은 빼주는 것입니다.

이밖에도 1세대 1주택인 경우에는 계산된 세액에서 추가적으로 장기보유공제와 고령자 공제를 더 받을 수 있습니다.

장기보유공제는 종합부동산세 과세대상인 1세대 1주택자가 5년 이상 보유하면 20%, 10년 이상은 40%를 세액공제하며, 15년 이상의 경우 세액의 50%를 공제하는 혜택입니다.

고령자 공제는 납세자가 60세 이상인 경우 20%, 65세 이상 30%, 70세 이상 40%를 세액공제하는 혜택입니다. 다만, 장기보유공제와 고령자공제를 합해서 80%가 넘는 세액공제는 받을 수 없도록 공제 상한이 있습니다.

종합부동산세는 집값에 따라 세부담이 전년대비 150%를 넘지 못하도록 하는 세부담상한도 있습니다. 조정대상지역 2주택자, 3주택자는 300%가 상한입니다.

세알못

세부담 상한이 무엇인가요?

택스 코디

보유세 과세 방식이 기준시가에 연동하고 과세 구조가 대폭 바뀜에 따라 세금이 큰 폭으로 증가할 수도 있습니다. 그런 이유로 세금의 증가를 제한하기 위해 세부담 상한 제도가 도입되었습니다.

부자가 되려면 꼭 알아야 할 세금

가령 전년도에 낸 종합부동산세가 10만 원이고, 세부담 상한율이 150%라면, 올해에는 15만 원(10만 원 × 150%)을 한도로 납부하면 되는 것입니다.

양도소득세 구조에 답이 있다

집을 사는 사람이 내는 세금은 취득세입니다. 주택가격에 따라 1~3%의 세율로 지방자치단체에 내야 합니다. 예를 들어 5억 원짜리 아파트를 사면 세율 1%를 적용해 500만 원의 취득세를 내고, 10억 원인 아파트는 세율 3%로 3,000만 원을 내야 합니다. 여기에 '기생충'처럼 붙는 지방교육세와 농어촌특별세까지 내고 나면 계산이 끝납니다.

그런데 집을 팔 때는 조금 복잡해집니다. 그 유명한 양도소득세를 계산해야 하기 때문입니다. 가뜩이나 용어도 어려운데 세법까지 너무 자주 바뀌기 때문에 더욱 어렵게만 느껴집니다. 세무사들조차 가장 까다로운 세목으로 양도소득세를 꼽을 정도입니다.

양도소득세를 낸다는 것은 전문용어로 '양도차익이 있다'는 말입니다. 집을 취득할 때의 가격보다 팔 때의 가격이 오른 경우, 그 차익만큼 세금을 내는 것입니다. 만약 집을 팔아도 남는 금액이 하나도 없거나 오히려 손해를 봤다면 양도소득세를 낼 필요가 없습니다.

집이 한 채만 있으면 웬만하면 양도세를 내지 않습니다. 이것을 '1세대1주택 비과세'라고 합니다. 실거래가 9억 원 이하인 집 한 채만 가진 사람이 집을 팔면 양도소득세를 내지 않습니다. 물론 2년 이상 보유해야 하고, 서울 등 조정대상지역 내 주택인 경우에는 2년 이상 거주해야만 합니다.

실거래가 9억 원이 넘으면 양도소득세를 내야 하지만, 각종 공제규정이 있어 실제 납부세액은 미미합니다. 예를 들어 5년 전 9억 원이었던 아파트를 10억 원에 팔면 1억 원의 차익이 생기지만, 양도차익은 9억 원이 넘는 부분만 따로 안분 계산해서 1,000만 원으로 떨어집니다.

여기에 5년 보유 장기보유특별공제율 40%를 적용해서 400만 원을 공제하고, 양도소득기본공제 250만 원까지 빼고 나면 실제 세율을 적용할 금액(과세표준)은 350만 원에 불과합니다. 과세표준에 최저세율인 6%를 적용하면 실제 납부할 양도세는 21만 원입니다. 5년 사이 1억 원 오른 10억 원짜리 아파트를 불과 21만 원의 양도소득세만 내고 팔 수 있다는 것입니다.

만약 똑같은 아파트를 10년 동안 보유했다면 양도소득세를 전혀 내지 않습니다. 장기보유특별공제율이 80%로 올라가기 때문이죠. 실거래가 9억 원 초과분에 대한 양도차익 1,000만 원에서 장기보유특별공제 800만 원을 빼고, 기본공제 250만 원까지 적용하면 과세표준은 0이 되기 때문입니다.

양도차익이 늘어날수록 세금도 더 늘어나게 됩니다. 5년 전 5억 원에 취득한 아파트를 10억 원에 팔면 양도소득세로 305만 원을 내게 됩니다. 이 아파트를 10년 보유했으면 양도소득세는 45만 원으로 떨어집니다. 양도차익의 1%도 못 미치는 수준의 세금만 내는 셈이죠.

하지만 주택 수가 2채를 넘어가면 양도소득세가 급격히 불어나게 됩니다. 정부가 집중적으로 규제하고 있는 다주택자 중과세 정책 때문입니다. 조정대상지역 내에서 집을 파는 2주택자는 기본세율(6~45%)에 20%포인트를 얹어서 적용하고, 3주택자는 기본세율의 30%포인트를 높여서 계산합니다. 즉, 2주택자는 26~65%, 3주택자는 36~75%의 세율로 계산한다는 의미입니다.

가령 서울에서 2주택을 가진 집주인이 10년 전 9억 원에 취득한 집을 10억 원에 판다면 양도소득세로 5,363만 원을 내야 합니다. 양도차익 1억 원에서 기본공제 250만 원을 빼면 과세표준이 9,750만원인데, 해당구간의 기본세율인 35%에서 20%포인트를 중과한 55%를 적용하게 됩니다. 10년을 보유했지만 장기보유특별공제도 적용할 수 없습니다. 3주택자인 경우는 양도세가 6,338만 원으로 더욱 늘어납니다. 10년 동안 집으로 1억 원을 벌었는데 50~60% 이상의 금액을 양도소득세로 내야하는 것입니다.

5년 전 6억 원에 취득한 아파트를 10억 원에 팔면 2주택자의 양도세는 2억1,465만원, 3주택자는 2억5,042만원입니다. 양도차익이 4억 원인데 2주택자는 54%를 부담하고, 3주택자는 63%를 양도소득세로 내는 것입니다. 양도세액의 10%를 추가로 내야 하는 지방소득세까지 감안하면 실제 양도차익 대비 세부담은 각각 59.4%와 69.3%로 뛰어오르게 됩니다.

한시적으로 조정대상지역에서 10년 넘게 보유한 집을 파는 다주택자를 위해 2020년 6월 말까지 집을 팔면 양도소득세를 줄일 수 있는 기회가 있었습니다. 정부가 2019년 12월 16일 부동산 대책을 통해 양도소득세 중과세율을 적용하지 않고, 장기보유특별공제 혜택도 주기로 했기 때문입니다. 부동산 정책은 늘 움직이는 것이기에 다주택자들은 특히 정부 정책에 관심을 기울여야 합니다.

두 번만 읽으면 이해되는 임대사업자의 소득세

월세를 받고 있는 집주인이라면 5월에 반드시 챙겨야 할 세금 문제가 있습니다. 바로 임대소득 과세대상인지 따져보는 것입니다.

2019년까지만 해도 전년 기준 주택임대 수입금액이 2,000만 원을 넘는 경우에만 과세했지만, 2020년부터는 수입금액이 2,000만 원 이하인 집주인도 세금을 신고해야 합니다.

1주택을 보유한 경우 기준시가 9억 원을 넘는 주택에서 월세 수입이 있다면 임대소득 과세대상이 됩니다. 부부합산 보유주택이 2주택 이상인 경우에는 모든 월세 수입을 신고해야 합니다. 전세인 경우 보증금 합계가 3억 원을 넘는 3주택 이상 보유자가 과세대상에 속합니다.

과세대상에 해당하더라도 실제 계산 과정에서 납부할 세액이 없는 경우도 있습니다. 세무서와 지방자치단체에 등록한 장기 임대사업자의 연간 임대수입금액이 1,000만 원(월 833,000원) 이하인 경우 세금을 내지 않습니다. 8년 이상 장기 임대사업자에 대해 적용하는 필요경비 600만 원과 공제금액 400만 원을 차감하고 나면 과세표준이 0원으로 산출되기 때문입니다.

임대사업자로 등록하지 않았다면 연간 수입금액이 400만 원(월 333,000원)을 넘어야 세금을 냅니다. 미등록 사업자에 대한 필요경비 200만 원과 공제금액 200만 원을 포함해 총 400만 원을 차감하기 때문입니다.

가령 2019년 주택임대를 통한 총 수입금액이 2,000만 원인 경우, 8년 이상 장기 임대사업자가 분리과세 방식으로 낼 세금은 15만 원(지방세 포함)이며, 4년 이상 단기 임대사업자는 43만 원을 내게 됩니다. 미등록 상태인 경우 부담할 세금은 123만 원으로 산출됩니다.

임대 소득세 신고는 5월 31일까지 해야 합니다. 세무서를 가지 않는 대신 홈택스를 통해 신고할 수도 있습니다. 집주인이 직접 신고하거나 세무대리인의 도움을 받아도 됩니다. 홈택스를 이용하면 임대주택 소재지와 면적, 월세, 보증금 등 기본 정보를 직접 입력하지 않아도 되는 '미리채움 신고서'를 통해 간편하게 신고를 끝낼 수 있습니다.

만약 과세대상인 집주인이 세금을 신고하지 않고 버티면 국세청의 세무검증을 받게 됩니다. 무신고와 과소신고에 대한 가산세는 납부세액의 40%까지 부과되며, 납부지연 일수에 대한 가산세까지 내야 합니다.

세대를 건너 뛴 상속, 증여는 할증된다

자녀의 빚을 대신 갚아줘도 증여세가 과세?

상속, 증여세 계산은 쉽다

자녀에게 부동산 증여, 이월과세제도에 유의하자

배우자에게 주택 증여, 절세 효과는?

증여 시점을 잘 선택하자

상속순위, 법정상속분, 유류분 청구

상속세를 줄여주는 상속공제

상속추정제도, 상속 전 현금 인출 시엔 주의가 필요하다

상속세 납부 방법, 연부연납제도

부동산을 상속 시까지 보유하면?

부자들의 경영권 승계

부자들의 상속과 증여

③

세대를 건너 뛴 상속, 증여는 할증된다

수증자(증여를 받는 사람)가 증여자의 자녀가 아닌 직계비속, 즉 손자녀인 경우에는 증여세를 30% 할증[01]해서 과세됩니다.

단, 증여자의 최근친인 직계비속이 사망해서 사망자의 최근친인 직계비속이 증여를 받는 경우는 예외로 합니다. 가령 아버지가 먼저 사망해서 할아버지가 손자녀에게 증여하더라도 할증과세되지 않습니다.

 세알못

손자녀가 어려서 증여세를 낼 수 없는데, 증여세를 대신 내줘도 되나요?

....

01 단, 수증자가 미성년자로서 증여재산가액이 20억 원 초과 시 40% 할증

택스 코디

수증자가 낼 증여세를 증여자가 대신 내줄 경우, 대신 내준 세금 역시 증여로 간주되어 또 세금을 내야 합니다.

그러므로 수증자가 증여세를 납부할 능력이 없다면, 차라리 세금 낼 돈까지 더해서 증여를 하는 편이 낫습니다.

참고로 수증자가 증여세를 납부하지 않을 경우, 세법에서는 그 증여자가 납부할 의무를 지도록 하고 있습니다. 즉 수증자(손자녀)가 증여세를 내지 못하면 증여자(조부모)가 세금을 내야 합니다.

세알못

세대를 건너 뛴 상속도 세금이 할증되나요?

택스 코디

세대를 건너뛰어 상속을 해 상속세를 회피하는 것을 막기 위해, 세대를 건너뛴 상속은 상속세를 30% 할증[02]해서 과세됩니다. 그러나 상속인이 이미 사망해서 어쩔 수 없이

---

02 단, 상속인이 미성년자로서 상속재산가액이 20억 원 초과 시 40% 할증

세대를 건너뛰어 상속이 일어나면(대습상속) 할증과세를 하지
않습니다.

참고로 증여 취득에 대한 취득세가 강화되었습니다. 조정대상지
역 내 일정가액(3억 원) 이상 주택 증여 시 세율 12%가 적용됩니다[03].

 세알못

다주택자(4주택 보유)가 보유주택 중 조정대상지역 내 부부
공동명의(지분 50:50)로 소유하고 있는 주택(공시가격 10억 원)의 지
분 일부(25%)를 자녀에게 증여하는 경우, 조정대상지역 내
의 '공시가격 3억 원 이상' 판단 기준은 어떻게 되나요?

 택스 코디

전체 주택가액이 3억 원을 초과하므로 인상된 12%세율
이 적용됩니다.

03 단, 1세대 1주택자가 배우자 및 직계존비속에게 증여하는 경우 등은 제외

자녀의 빚을 대신 갚아줘도
증여세가 과세?

　경제활동을 하다보면, 채무자가 기한 내에 채무를 갚지 못하는 경우가 많이 발생합니다. 이 때 채권자가 채무자의 어려운 사정을 봐줘서 채무를 일부 면제해주는 경우가 있습니다. 또 부모나 친척, 친구 등 채권·채무 관계와는 무관한 제3자가 채권자에게 채무를 대신 변제해주는 것도 흔히 볼 수 있는 일입니다.

　이러한 채무 면제 또는 변제는 보통 채무자가 경제적으로 어려운 상황에서 발생하기 때문에, 채무자나 채무를 면제 또는 변제해준 사람 모두 별도의 과세문제가 발생할 것이라고 생각하기가 쉽지 않습니다.

　하지만 채무자의 입장에서 볼 때, 재산에 해당하는 채무가 대가의 지급 없이 감소하는 것은, 결국 채무자에게 경제적 이익이 무상으로 이전된 것으로 볼 수 있습니다. 즉, 세법상 '증여'의 개념에 부합하는 것입니다. 이에 따라 세법은 채무면제 등의 경우에도 채무자에게 증여세를 과세할 수 있도록 규정하고 있습니다.

첫번째, 채권자로부터 채무의 면제를 받은 경우입니다.

민법상 채무의 면제는 채권자가 일방적인 의사표시로 채권을 무상으로 소멸시키는 것입니다. 즉, 채권자가 단독으로 채권을 포기한다는 의사표시를 채무자에게 하는 것입니다. 물론, 채권자와 채무자가 계약으로 채권을 소멸시키도록 합의하는 면제계약도 가능합니다.

두번째, 제3자가 채무를 인수한 경우이다.

예를 들어, A가 B에게 채무를 지고 있었는데, A의 친구인 C가 A 대신 B에게 채무를 부담하는 것으로 계약하는 것입니다. 이때 본래 채무자였던 A는 채무로부터 벗어나고, 제3자인 C가 채무를 부담하게 되므로, C가 A에게 경제적 이익을 무상으로 제공한 것이 되어 증여세가 과세됩니다.

세번째, 제3자의 채무변제가 있는 경우이다.

채무의 변제는 채무자 당사자가 의사표시로 제3자의 변제를 허용하지 않거나, 채무자가 반대하는 경우 등의 예외사유가 없다면, 원칙적으로 채무자가 아닌 제3자도 할 수 있습니다.

제3자가 채무를 변제하게 되면 채무는 소멸하게 되고, 채무자는 그에 상응하는 경제적 이익을 받게 되므로, 이에 대해서도 증여세가 과세됩니다.

위의 채무면제 등에 따른 증여세 과세가액은 그 면제, 인수 또는 변제된 채무액입니다. 다만, 이러한 채무의 면제, 인수, 변제의 대가로 지급한 별도의 보상가액이 있는 경우, 이를 공제한 금액이 증여세 과세가액에 해당합니다.

예를 들어, A가 B에게 8,000만 원의 채무를 지고 있었는데, 제3자인 C가 채무 8,000만 원을 모두 대신 변제한 후, C가 A로부터 그 대신 2,000만 원을 받았다면, 8,000만 원에서 2,000만 원을 차감한 6,000만 원이 증여세 과세가액이 되고, 이에 대해 증여세가 과세됩니다.

 세알못

빌려준 돈을 받지도 못하고 거기에 증여세까지 과세된다면 정말 억울한 일인데요.

 택스 코디

세법에는 채무면제 등에 따른 증여세 과세 대상에 해당

하는 경우라도 납세의 의무를 면제하는 특별한 규정을 두고 있습니다.

납세자인 수증자(채무자)에게 '증여세를 납부할 능력이 없다고 인정되는 경우로서 체납처분을 하여도 증여세에 대한 조세채권을 확보하기 곤란한 경우'에는 증여세 납세의무를 전부 또는 일부 면제해 준다는 규정입니다.

이는 납세의무 자체를 면제해주는 규정으로 다른 세법에서는 흔히 찾아보기 힘든 규정입니다. 세법이 경제적 상황이 극도로 어려운 채무자를 예외적으로 배려하고 있다고 볼 수 있습니다.

다만, 이 경우 객관적으로 채무자가 증여세를 납부할 경제적 능력이 없다고 인정될 수 있는지 여부는 구체적인 사실관계와 입증자료에 따라 사안마다 판단이 달라질 수 있습니다.

채무면제 등에 따른 증여세는 증여자에 대한 연대납세의무도 면제됩니다.

원칙적으로 증여세의 납부에 있어서 수증자가 증여세를 납부할 수 없을 때에는 증여자가 연대납세의무를 집니다. 그러나 채무면제 등에 따른 증여세의 경우 증여자에게 연대납세의무까지 부담시키는 것은 조세형평상 지나친 측면이 있기 때문에 이를 면제합니다.

만약 가족의 채무를 대신 변제한 경우, 채무자에게 증여세가 과세되더라도 채무자에게 증여세 납세능력이 전혀 없다면 증여세를 면제받을 가능성이 있으며, 증여자도 연대납세의무를 면제받을 수 있습니다.

다만, 채무면제 등에 따른 증여세 납세의무의 일부 면제는 현금을 채무자에게 바로 증여한 경우에는 적용되지 않습니다.

정리하면 가족이 채무자를 도와주기 위해 자금을 지원하더라도, 가족이 채권자에게 채무를 변제해주는 경우와, 채무자에게 현금을 주는 경우는 최종적인 증여세 부담이 달라질 가능성이 있다는 것입니다.

상속, 증여세 계산은 쉽다

[상속세 계산법]

- □ **상속과세가액** = 상속재산가액 – 비과세, 채무 등

- □ **과세표준** = 상속과세가액 – 상속공제

- □ **산출세액** = 과세표준 × 세율 (10~50%)

- □ **결정세액** = 산출세액 – 세액공제

[증여세 계산법]

- □ **증여세 과세가액** = 증여재산가액 – 비과세, 채무 등

- □ **과세표준** = 증여세 과세가액 – 증여재산공제

- □ **산출세액** = 과세표준 × 세율 (10~50%)

- □ **결정세액** = 산출세액 – 세액공제

상속이나 증여세 재산가액은 '시가[04] → 간주시가[05] → 보충적 평가법[06]' 순으로 평가해야 합니다.

상속 또는 증여와 관련한 재산평가는 중요합니다. 해당 자산과 유사한 재산의 매매가액을 간주시가로 사용한 경우에는 상속일, 증여일 전 6개월부터 상속세 또는 증여세를 신고한 기간에 발견된 가액을 기준으로 합니다. 이때 평가액이 위 평가기간 내에 존재하는지의 여부는 매매계약일, 가격산정기준일과 감정가액평가서 작성일, 보상가액(경매가액) 또는 공매가격이 결정된 날을 기준으로 판단합니다.

2020년부터 단독주택이나 소규모 빌딩 등에 대해서는 기준시가가 아닌 감정가액으로 상속세나 증여세가 부과될 가능성이 높아지고 있습니다.

 세알못

시가로 보는 가액이 둘 이상이면 어떻게 되나요?

....

04 제3자간에 거래되는 금액

05 시가가 없는 경우 대용해 사용하는 금액

06 기준시가

택스 코디

이런 경우에는 평가기준일을 전후하여 가장 가까운 날에 해당하는 가액[07]을 적용합니다.

상속이나 증여나 적용세율은 아래와 같이 농일합니다.

[상속 및 증여 적용세율]

혜택	세율	누진공제
1 억 원 이하	10%	–
1 억 원 초과 5 억 원 이하	20%	1 천만 원
5 억 원 초과 10 억 원 이하	30%	6 천만 원
10 억 원 초과 30 억 원 이하	40%	1 억 6 천만 원
30 억 원 초과	50%	4 억 6 천만 원

상속이 발생한 경우에는 상속개시일로부터 소급하여 10년(상속인 외는 5년) 내 증여한 재산은 상속재산가액에 합산합니다.

생전에 동일인에게 증여가 수 회 일어난 경우에는 최종증여일

---

07 그 가액이 둘 이상인 경우에는 그 평균액

로부터 10년간 증여받은 재산가액을 합산해 증여세를 결산합니다.(10년 누적합산과세제도)

집을 갖고 있자니 보유세 때문에 부담스럽고, 남에게 팔기도 아깝다면 자녀에게 증여하는 방법도 있습니다. 앞으로 계속 오를 가능성이 높은 주택을 경제적 능력이 있는 성인 자녀에게 물려주는 것입니다. 부모는 주택 수를 줄일 수 있고, 자녀는 시세차익을 얻게 됩니다.

부모와 자녀 사이에는 시가보다 30% 또는 3억 원 싸게 거래해도 증여세를 내진 않습니다. 가족끼리 거래할 때의 특별한 사정을 세법에서도 일부 인정해주는 것입니다. 다만, 부모 입장에선 국세청의 '부당행위 계산부인' 규정을 통해 양도소득세를 더 낼 수도 있기 때문에 미리 세금 부담을 비교해봐서 결정해야 합니다.

 세알못

부당행위 계산부인이라는 말이 어떤 뜻인가요?

 택스 코디

특수관계인 거래로 세금을 부당하게 감소시킨 경우 납세

자가 계산한 것을 인정하지 않는다는 말입니다

　최근에는 증여세를 적당히 내면서도 안전하게 물려주는 방법이 자산가들 사이에서 유행하고 있습니다. 증여세율이 낮게 적용되는 구간을 활용해서 증여금액을 정하는 것입니다. 절세 효과를 극대화하면서도 국세청의 세금 추징을 피할 수 있는 방법입니다

　그렇다면 실제로 증여세는 얼마나 내는 걸까요. 자녀가 내야할 증여세는 물려받는 재산 가액에 따라 결정됩니다. 만 20세 이상인 성인 자녀는 10년 이내에 5,000만 원 넘게 물려받은 경우 증여세 과세대상[08]입니다.
　증여세율은 앞서 본 것처럼 최소 10%부터 최대 50%까지 적용됩니다. 증여받은 재산에서 공제금액을 뺀 과세표준이 1억 원 이하일 경우 10%, 5억 원 이하 20%, 10억 원 이하 30%, 30억 원 이하 40%, 30억 원 초과 50%의 세율을 적용해 산출세액을 계산합니다.

　만약 24세 대학생 아들이 1억 원의 재산을 받으면 증여세로

08 미성년 자녀의 과세 기준금액은 2,000만 원입니다.

485만 원[09]을 내게 됩니다.

 똑같은 1억 원을 18세 고등학생 딸에게 물려주면 증여세는 776만 원[10]입니다.

 성인자녀 기준으로 증여재산이 2억 원이면 증여세 1,940만 원, 4억 원이면 5,820만 원, 6억 원이면 1억185만 원의 증여세를 내야 합니다. 증여재산이 10억 원이라면 증여세는 2억1,825만 원이 되고, 물려줄 재산이 20억 원이면 내야할 증여세는 6억140만 원입니다.

---

09 증여재산 1억 원에서 자녀공제 5,000만 원을 제외한 과세표준에 대해 10%의 세율을 적용하면 산출세액은 500만 원입니다. 증여세 신고기한 내에 자진신고하면 3%의 세액공제를 받으면서 15만 원이 줄어든 485만 원을 내면 됩니다.

10 증여재산 1억 원에서 미성년 자녀공제 2,000만 원을 제외한 과세표준에 대해 10%의 세율을 적용하면 산출세액은 800만 원입니다. 증여세 신고기한 내에 자진신고하면 3%의 세액공제를 받으면서 24만 원이 줄어든 776만 원을 내면 됩니다.

부자들의 상속과 증여

자녀에게 부동산 증여,
이월과세제도에 유의하자

손쉽게 부동산 주를 줄일 수 있는 방법 중 하나가 원할 때 언제든 할수 있는 증여입니다. 실제 주택 수를 줄이기 위해 증여를 상당히 많이 하는데, 실무에서는 주의할 점이 다소 있습니다.

첫 째, 증여는 세법상 인정하는 독립세대에게 해야 합니다.

동일 세대원에게 증여를 한 경우에는 주택 수가 달라지지 않기 때문입니다. 배우자에게 증여를 하게 되면 동일 세대원간 증여가 되기 때문에 주택 수가 달라지지 않습니다.

둘 째, 증여재산가액을 잘 정해야 합니다.

세법에서는 증여재산가액을 시가로 평가하는 것을 원칙으로 합니다. 신고일 전 6개월부터 신고 후 3개월 기간에 걸쳐 당해 증여재산과 유사한 재산의 매매사례가액도 포함하고 있습니다[11].

---

11 유사한 재산의 매매사례가거이 있는 가를 국토 교통부 홈페이지를 통해 먼저 확인할 필요가 있습니다.

셋 째, 수증자는 이월과세제도 등에 유의해야 합니다.

증여를 받은 자녀가 해당 부동산을 양도하면 취득가액 이월과세제도에 유의해야 합니다. 수증일로부터 5년 내에 이를 양도하면 취득가액을 당초 증여자의 것으로 하는 제도를 말합니다.

그런데, 수증자가 1세대 1주택 비과세 요건(2년 보유 등)을 갖춘 상태에서 5년 내에 양도하면, 이때에는 이월과세제도가 적용되지 않습니다. 왜냐하면 이월과세는 양도소득세가 과세될 때 적용되는 제도이기 때문입니다.

이때에는 부당행위계산부인제도를 적용해야 하는데, 세법은 해당 양도소득이 수증자에게 직접 귀속되면 이의 제도도 적용하지 않도록 하고 있습니다.

정리하면 증여를 받은 주택이 1세대 1주택 비과세 요건을 충족한 경우라면 수증 후 2~5년 내에 양도해도 비과세가 가능합니다.

그러나 수증자가 1세대 1주택 비과세 요건을 갖추지 못한 상태에서 5년 내에 양도하면, 취득가액 이월과세제도가 적용됩니다.

이 경우에는 당초 증여자가 취득한 가액을 취득가액으로 하여 양도소득세가 계산됩니다.

증여자가 아버지, 수증자가 자녀라고 가정하여 직계존비속 이월과세 세금 계산을 요약하면 아래와 같습니다.

□ **납세의무자** : 수증자(자녀)

□ **취득가액** : 증여자(아버지)가 취득한 취득가액

□ **필요경비** : 양도 시 중개수수료 및 증여세
※ 수증자가 증여 받을 당시 부담한 취득세는 공제되지 않음

□ **세율 적용 시 보유기간** : 증여자의 취득일 ~ 양도일

□ **장기보유 특별공제 보유기간** : 증여자의 취득일 ~ 양도일

참고로 부모님께 효도하기 위해 자녀가 사준 집도 증여세 과세 대상이 됩니다. 세법에선 부모가 자녀로부터 증여를 받은 것이라 판단하기 때문입니다.

이처럼 뜻하지 않은 세금까지 떠안기는 일을 방지하려면, 부모 명의가 아닌 소득자(자녀) 명의로 집을 구입하는 것이 나을수도 있습니다.

세법에서는 특수관계[12]의 부동산[13]을 무상으로 사용해서 5년간 1억 원 이상의 이익을 얻었다고 인정되는 경우에는 그 이익에 상

---

12 가족 등 본인과 세법에서 정하고 있는 일정 관계에 있는 사람

13 부동산 소유자와 함께 거주하는 주택은 제외

당하는 금액을 부동산 무상 사용자가 증여 받은 것으로 보고 증여세를 부과합니다.

이런 경우 부동산 무상 사용 이익은 아래와 같이 계산합니다.

□ **부동산 무상 사용 이익 =** = 부동산가액 × 2% × 3.79

부동산가액이 10억 원이라 가정하면, 무상 사용 이익은 7,580만 원[14]이 됩니다. 그런데 이는 기준금액인 1억 원에 미달되기 때문에 증여세가 과세되지 않습니다.

무상 사용 부동산 이익은 부동산의 시가를 알수 없는 경우에는 기준시가로 평가되기 때문에, 고가의 호화 주택을 사지 않는 한 자녀 명의로 집을 마련해서 부모님을 봉양하면 증여세 문제는 거의 발생하지 않습니다. 따라서 잘만 활용하면(?) 동시에 훗날 발생할 수 있는 상속세 문제까지 자동으로 해결되는 것입니다.

---

14 10억 원 × 2% × 3.79 = 7,580만 원

배우자에게 주택 증여, 절세 효과는?

 세알못

울산에 살고 2주택(기준시가 각각 6억 원)을 보유하고 있습니다. 종합부동산세를 연간 300만 원 정도 납부합니다. 주택 중 1채를 아내에게 증여하는 경우 절세 효과가 있을까요?

택스 코디

먼저 주택 증여 시 취득세가 2,400만 원 가량 발생할 것으로 보입니다. 그러나 절감되는 종합부동산세는 300만 원에 불과합니다.

[증여를 받은 아내의 세금 증가분]

☐ **증여세** = 0원 (증여재산공제 6억 원이 발생하므로)

☐ **취득세** = 6억 원 × 4% = 2,400만 원

☐ **종합부동산세** = 0원

[증여한 세알못씨 세금 감소분]

☐ **종합부동산세** = 300만 원

보유세가 부담되어서 무턱대고 증여하면 단기적으로는 오히려 불리합니다. 그러나 분석 기간을 5년으로 잡는 경우에는 5년간 절감되는 종합부동산세가 1,500만 원이 됩니다.

정리하면 종합부동산세 절감을 위한 증여의 경우 향후 보유기간에 따른 종합부동산세 절세액 크기가 중요함을 알 수 있습니다.

그리고 부부간에 증여할 경우에는 양도소득세 변수를 추가해 최종 의사결정을 내리는 것이 좋습니다. 증여일로부터 5년 후에 양도하면 양도소득세가 획기적으로 줄어들기 때문입니다[15].

---

15 5년 후에 양도하면 양도소득세 계산시 취득가액은 증여가액이 되기 때문입니다.

세알못

　자녀의 사업자금 부족으로 집을 담보로 제공할 건데, 이런 경우도 증여에 해당하나요?

택스 코디

　부모가 자신의 재산을 담보로 제공하고, 대출 명의는 자녀로 한 상태에서 자녀가 사업을 해서 빚을 갚는다면, 담보를 제공한 것 자체는 증여로 판단하지 않습니다.

　그런데 자녀가 채무 상환을 하지 못해 부모가 그 채무를 대신 상환하면, 이것은 증여로 판단되어 증여세가 부과될 수 있습니다. 그러므로 부모의 재산을 담보로 자녀 명의로 빌린 돈을 상환할 때는 자녀 명의로 발생한 소득으로 갚아야만 증여 문제가 발생하지 않습니다.

세알못

부모 명의로 대출을 받아 자녀가 실제 사업을 한 경우는 증여 문제가 발생하나요?

 택스 코디

부모의 재산을 담보로 제공하고 부모 명의로 대출을 받더라도, 자녀가 직접 이자와 원금을 갚았다는 사실을 입증할 수 있으면, 그 자금은 부모로부터 증여받은 것이 아니라 자녀가 직접 빌린 것이라고 인정받을 수 있습니다. 그러기 위해서는 대출금을 사용하고 상환한 자금 흐름에 대한 기록과 관련 증빙들을 잘 챙겨 놓아야 합니다.

증여 시점을 잘 선택하자

세알못씨는 시가 8억 원짜리 아파트를 성년인 자녀에게 증여할 계획입니다.

5억 원 초과 10억 원 이하의 과세표준에 따라 30% 세율이 적용되며 자녀에 대한 증여재산공제 5천만 원(미성년 자녀는 2천만 원)을 제하면 약 1억 6천만 원의 증여세가 과세됩니다.

그런데 아파트 가격이 폭락해 5억 원이 되었다면 증여세는 약 7,600만 원 밖에 나오지 않습니다.

만약 세알못씨가 배우자에게 증여를 하면 아파트 가격이 8억 원이면 배우자에대한 증여새산공제 6억 원을 제하면 2,850만 원 정도의 증여세가 과세됩니다. 아파트 가격이 5억 원으로 내렸다면 증여세는 10원도 부과되지 않습니다.

주식도 부동산과 마찬가지입니다. 주식 가치가 크게 떨어지면 주식을 보유한 투자자 입장에선 손해가 발생한 것이나 그 주식을 상속이나 증여하는 경우에는 세금 계산의 기준이 되는 상속재산가액이나 증여재산가액이 줄어들어 그 만큼 상속세나 증여세도 줄어듭니다.

글로벌 금융위기로 증시가 폭락했을 때, 상당수의 재벌들은 자신이 보유한 주식을 자녀들에게 증여했다고 합니다. 그리고 2013년 코스피 지수가 하락하자 주식 부자들 사이에서는 서둘러 자녀에게 주식을 증여했고, 그 결과 미성년 억대 주식 부자가 전년보다 큰 폭으로 증가했습니다.

교육, 의료, 교통, 문화 수준 등의 주변 환경 등이 다른 지역에 비해 좋아질 것도 재건축 아파트가격이 하루가 다르게 오르는 이유 중 하나입니다. 그것보다 재건축 아파트가 지닌 가장 큰 장점은 경우에 따라 세금을 거의 내지 않고도 근사한 아파트를 자식에게 이전할 수 있는 수단이 되는 것입니다.

재건축(재개발) 아파트를 자녀에게 증여하는 경우에는 증여 시기에 따라 아래와 같이 증여재산가액이 파악된다는 점에 주의해야 합니다.

1 관리처분 전으로 권리가액이 없는 경우

부동산 시가에 의해 과세됩니다. 여기서 시가는 제3자 간에 거래되는 가액으로 증여일 전 6개월부터 증여일 후 3개월(유사 재산은 신고 시) 내의 매매사례가액도 해당됩니다. 만일 이런 시가가 없을 땐 기준시가 신고가 가능합니다.

2 관리처분 후 권리가액이 있는 경우

권리가액과 조합에 불입한 금액, 그리고 프리미엄을 포함한 가액으로 신고해야 합니다.

상속순위, 법정상속분, 유류분 청구

상속순위는 피상속인의 자녀나 손자, 손녀가 1순위, 부모 등 직계존속이 2순위, 형제 자매가 3순위, 4촌 이내의 방계 혈족이 4순위가 됩니다. 배우자는 1순위와 2순위까지는 공동상속인이 됩니다.

가령 피상속인(사망자) A의 상속인으로 배우자와 자녀 2명, 손자, 손녀가 2명 있는 경우 상속 1순위는 직계비속인 자녀 2명과 손자, 손녀 2명이 해당됩니다. 그러나 A의 손자, 손녀 2명은 원칙적으로 상속을 받을 수 없습니다. 민법은 같은 순위의 상속인이 여러 명인 경우, 촌수가 높은 최근친을 가장 우선으로 하고, 같은 촌수인 동친의 상속인이 여러 명일 때는 공동상속인으로 보도록 정하고 있습니다. 따라서 이 경우 자녀 2명이 최근친으로서 공동상속인이 되기 때문에 손자, 손녀 2명은 자녀가 상속을 포기하는 경우에만 상속받을 수 있습니다. 물론 배우자는 자녀 2명과 함께 공동

상속인이 됩니다.

법정상속이란 피상속인이 상속인을 지정하지 않고 사망했다면 법으로 그 상속지분을 정하는 것을 말합니다. 원칙적으로 같은 순위의 상속인이 여러 명일 때는 그 상속분이 모두 같은 것으로 봅니다. 단, 배우자의 상속지분에는 다른 상속인이 차지하는 상속지분의 5할을 가산합니다. 위의 경우라면 2명의 자녀와 함께 공동상속인이 된 A씨의 배우자는 1.5 / 3.5(자녀 1: 자녀 1: 배우자 1.5)의 비율로 법정상속분이 정해집니다.

 세알못

유언을 통해 특정 상속인에게 재산 모두를 물려주라고 했으면, 상속을 받을 수 없는 건가요?

 택스 코디

그런 경우라도 상속재산의 일부를 내 몫으로 주장할 수 있습니다. 이런 제도를 유류분 제도라고 합니다.

유류분권을 행사할 수 있는 자는 재산 상속순위상 상속권이 있는 자이어야 합니다. 그러나 1순위 상속인인 직계비속이 있을 때는 2순위 상속인인 직계존속은 유류분권을 주장할 수 없습니다.

유류분의 비율은 사망 당시의 재산 전체에서 채무 전액을 공제한 다음 그 잔액에 대한 법정상속분을 기준으로 나눕니다. 직계비속과 배우자는 법정상속분의 1/2, 직계존속과 형제, 자매는 1/3을 청구할 수 있습니다.

가령 아버지의 유언으로 상속재산 9억 원 모두를 B(자식 중 유산을 못 받은 사람)를 제외한 다른 사람에게 넘겨주었다고 가정할 때, 그 9억 원 중에서 B가 법적으로 내 몫이라고 주장할 수 있는 금액은 얼마일까요?

상속인으로 3명의 자녀가 있다고 가정하면 B의 몫은 법정상속분의 1/2인 1억5천만 원(9억 원 × 1/3 × 1/2)이 됩니다.

 세알못

사전에 증여한 재산도 유류분 청구가 가능한가요?

택스 코디

가능합니다.

사전에 증여한 재산도 상속재산의 일부에 해당하기 때문입니다. 그런데 법적 안정성을 고려하여 무한정 이를 인정하지 않고 상속 전에 증여사실을 안 경우에는 상속개시일로부터 1년 내에, 그 밖의 경우에는 10년 내에 유류분 청구를 해야 합니다[16].

---

16 사전에 증여한 재산가액은 상속개시일 당시의 시가로 하되 이를 정하기 힘든 경우에는 법원이 평가를 하게 됩니다.

상속세를 줄여주는 상속공제

상속세를 낼 상속재산(과세표준)을 줄여두는 공제는 생각보다 다양합니다. 그중에서 가장 기본이 기초공제와 인적공제입니다. 기초공제는 일단 상속이 발생하면 공제되는 것으로 2억 원입니다. 그런데 만약 가업상속을 하는 경우 추가로 최대 500억 원을 더 공제해주고, 영농상속인 경우 최대 15억 원을 더해서 받을 수 있습니다.

여기에 자녀공제가 추가됩니다. 자녀공제는 1인당 5,000만 원인데, 자녀가 미성년자라면 19세까지의 잔여연수에 1,000만 원을 곱해서 공제금액에 더합니다. 가령 9살인 자녀 1명의 인적공제액은 1억5,000만원(자녀공제 5,000만 원 + 미성년 공제 1억 원)이 됩니다.

뿐만 아니라 상속인 중 65세 이상의 연로자가 있다면 연로자공제로 1인당 5,000만 원을 공제 받을 수 있습니다. 또 장애인은 1인당 1,000만 원씩을 기대여명(통계청 기준) 연수를 곱해서 공제받습니다.

기초공제와 인적공제는 합산해서 적용받을 수 있는데, 합계액이 5억 원보다 적은 경우에는 일괄공제로 5억 원을 받을 수 있습니다. 둘 중 큰 금액을 선택해서 공제받을 수 있는 것입니다.

만약 납세자가 스스로 상속세를 기한 내에 신고하지 않는 경우에는 국세청이 일괄공제 5억 원을 적용해 과세합니다.

배우자가 살아 있는 경우에는 배우자 상속공제를 받을 수 있습니다. 배우자가 실제 상속받은 금액이 없거나 5억 원 미만인 경우에는 5억 원을 배우자공제로 받을 수 있고, 배우자 상속액이 5억 원이 넘는 경우에는 최대 30억 원까지 상속공제가 가능합니다.

배우자 상속공제를 받기 위해서는 실제 상속받은 금액이 있어야 합니다. 따라서 상속세 신고기한 내에 배우자 상속재산분할(등기, 명의개서 등)을 마쳐야 합니다.

상속재산 중 예금·적금·부금·보험금·공제금·주식·채권 등 금융재산이 있는 경우에는 최대 2억 원까지 추가로 공제를 받을 수 있습니다.(금융재산공제)

금융재산공제는 금융재산이 1억 원 이하이면 2,000만 원까지 공제하고, 1억 원이 넘으면 해당 금융재산의 20%를 공제합니다. 금융재산이 10억 원을 초과한 경우에는 2억 원까지 공제대상이 됩니다.

그밖에도 피상속인과 상속인이 함께 거주한 주택을 상속받은 경우에는 동거주택에 대항 상속공제를 5억 원까지 받을 수 있습니다. 이 때 동거주택은 10년 이상 동거해야 하고 같은 기간 1세대 1주택이어야 하는 등의 요건을 갖춰야 합니다.

또 재해손실공제도 있습니다. 상속세 신고기한 내에 갑작스런 재난으로 상속재산이 멸실되거나 훼손된 경우에는 손실가액만큼을 상속재산에서 공제하는 제도입니다.

◎ 상속공제 종류

□ 기초공제

상속세 과세가액에서 2억 원을 공제합니다 .

□ 기업상속공제

피상속인이 10년 이상 계속하여 경영한 기업을 상속하는 경우에 기업상속 재산가액에 상당하는 금액을 공제하되, 그 금액이 200억 원을 초과 시 경영기간이 10년 이상 20년 미만이면 200억 원, 20년 이상 30년 미만이면 300억 원, 30년 이상이면 500억 원을 한도로 합니다 .

☐ 영농상속공제

영농(축산업, 어업 및 임업 포함) 상속을 하는 경우에 영농상속재산가액을 공제하되, 그 가액이 15억 원을 초과하는 경우에는 15억 원을 한도로 합니다.

☐ 배우자상속공제

배우자가 실제 상속받은 금액을 공제하되, 그 금액이 30억 원을 초과하는 경우에는 30억 원을 한도로 합니다. 단, 배우자가 실제 상속받은 금액이 없거나 상속받은 금액이 5억 원 미만이면 5억 원을 공제합니다.

☐ 그 밖의 인적공제

자녀 1명당 5천만 원을 공제합니다 .

상속인(배우자는 제외) 및 동거 가족 중 미성년자에 대해서는 1천만 원에 19 세가 될 때까지의 연수를 곱하여 계산한 금액을 공제합니다.

상속인(배우자는 제외) 및 동거 가족 중 65세 이상인 사람에 대해서는 5천만 원을 공제합니다.

상속인 및 동거 가족 중 장애인에 대해서는 1천만 원에 상속 개시일 현재 통계청장이 승인하여 고시하는 통계표에 따른 성별, 연령별 기대여명의 연수를 곱하여 계산한 금액을 공제합니다.

□ **일괄공제**

기초공제와 그 밖의 인적공제액을 합친 금액이 5억 원에 미달하는 경우에는 5억 원을 공제합니다. 상속세 신고를 하지 않는 경우에는 일괄공제 5억 원은 적용하되, 배우자가 단독으로 상속받은 경우에는 일괄공제를 적용할 수 없습니다.

□ **금융재산 상속공제**

상속재산가액 중 금융재산의 가액에서 금융 채무를 뺀 가액(순금융재산의 가액)이 있으면 다음의 구분에 따른 금액을 공제하되, 그 금액이 2억 원을 초과하면 2억 원을 한도로 합니다.

순금융재산가액이 2천만 원을 초과하는 경우, 순금융재산가액의 20% 또는 2 천만 원 중 큰 금액을 공제합니다.

순금융재산가액이 2천만 원 이하인 경우, 순금융재산가액을 공제합니다.

□ **재해손실공제**

상속세 신고 기한 이내에 재난으로 인하여 상속재산이 멸실되거나 훼손된 경우, 그 손실가액에서 보험금 수령이나 구상권 행사에 의해 보전받을 수 있는 금액을 뺀 금액을 공제합니다.

□ **동거주택 상속공제**

아래의 요건을 모두 갖춘 상속주택가액[17]의 100%에 상당하는 금액을 공제하되, 6억 원을 한도로 합니다.

피상속인과 상속인(직계비속인 경우로 한정)이 상속 개시일로부터 소급하여 10년 이상(동거 주택 판정 기간) 계속하여 한 주택에서 동거해야 합니다[18].

피상속인과 상속인이 동거 주택 판정 기간에 계속하여 1세대를 구성하면서 1세대 1주택에 해당해야 합니다.

상속 개시일 현재 무주택자이거나 피상속인과 공동으로 1주택을 보유한 자로서 피상속인과 동거한 상속인이 상속받은 주택이어야 합니다.

부모님과 함께 살던 집을 상속받는 경우에는 상속세 부담을 크

---

17 그 주택에 담보된 피상속인의 채무를 뺀 금액

18 상속인이 미성년자인 기간은 동거 기간에 불포함

게 덜어줍니다. 종전에는 5억 원 한도 내에서 상속재산의 80%를 공제해줬고, 2020년부터는 6억 원까지 100%를 공제해주고 있습니다.

혜택을 주는 이유는 부양가족을 곁에서 지켜준 이른바 효자 인센티브입니다. 하지만 10년간 1세대1주택인 부양가족이 죽기 전 10년 동안 같이 살아야 하고, 상속받는 본인은 무주택이어야 하는 등 혜택에 대한 요건은 조금 까다롭습니다.

효자에게 주는 혜택이지만 깐깐한 규정 탓에 효를 행했음에도 혜택을 받지 못하는 경우도 적지 않죠. 조세심판원의 문까지 두드렸지만 공제를 받지 못한 효자의 사례를 살펴볼까요.

A씨의 사례는 지금 기준으로 보면 상당히 안타깝습니다. 현재 규정으로는 상속공제 대상이지만, 법이 바뀌기 직전에 일어난 일이라 상속공제 혜택을 받지 못했습니다.

A씨의 아버지는 1999년에 돌아가셨는데, 아버지 소유의 아파트는 어머니가 상속받았습니다. A씨는 어머니를 모시고 그 아파트에 함께 살았는데, 2005년에 이 아파트가 재건축을 하게 됐습니다.

어머니는 재건축을 기회로 아파트의 지분을 아들에게 나눠주려 합니다. 증여하면 증여세가 부담이 될테니 양도를 선택했고, 돈

없는 아들을 위해 어머니가 금전대차거래를 맺어 돈을 빌려주고 양도계약도 체결합니다. 어머니는 세무서에 양도소득세 신고도 했고, 2006년에는 모자가 공동지분으로 소유권 보존등기를 마칩니다.

10년이 훌쩍 넘은 2017년 9월 어머니마저 사망하자 아들은 나머지 어머니 지분을 상속받게 됩니다.

A씨는 20년 가까이 어머니와 함께 살던 집을 물려받았으니 동거주택 상속공제대상이 될 것으로 판단했고, 그만큼 상속공제를 한 다음 세금을 신고합니다.

하지만 아파트 재건축 직전에 양도받았던 지분이 문제였습니다. 국세청은 A씨가 보유했던 지분 때문에 동거주택 상속공제를 받을 수 없다며 상속세를 추징한 것입니다. 상속인이 무주택자여야 한다는 규정에 벗어난다는 이유입니다.

A씨는 억울한 마음에 조세심판원의 문을 두드렸지만, 어머니로부터 정상적인 양도거래를 통해 지분을 매입했고, 양도소득세 신고까지 마쳤기 때문에 심판원도 국세청의 과세가 타당하다고 결정합니다.

A씨 어머니가 조금만 더 오래 살았다면 동거주택 상속공제가 가능했을지도 모릅니다. 다행히 정부는 2020년 1월 1일 이후 상속

분부터 상속인과 피상속인이 공동으로 1세대1주택을 보유한 경우에도 동거주택 상속공제가 가능하도록 법을 보완·개정했기 때문입니다.

상속추정제도, 상속 전 현금 인출 시엔 주의가 필요하다

상속이 발생한 때를 기준으로 앞 뒤 6개월 이내에는 재산을 처분하지 않아야 합니다. 그 기간을 미처 못 채우고 상속재산을 처분하면 그 시가가 확인되기 깨문에 시가를 기준으로 다시 과세되는 경우가 있습니다. 그러므로 기준시가보다 높게 팔고자 하는 부동산이 있다면 6개월이 지난 뒤에 파는게 좋습니다.

상속 추정 제도란 피상속인이 1년에 2억 원, 2년에 5억 원 이상의 재산을 처분하거나 채무 부담을 했는데 그 용도가 객관적으로 명백하지 않으면 이를 상속한 것으로 추정하는 제도입니다[19]. 용도가 입증되지 않은 금액이 재산 처분 금액의 20%와 2억 원 중 적은 금액에 미달하면 상속 추정을 하지 않습니다.

---

19 용도가 입증되지 않은 금액이 기준금액 이하일 때는 추정하지 않습니다.

세알못

상속이 있기 1년 전 아버님이 3억 원을 인출했는데, 그 용도가 무엇인지 알 수 없습니다. 상속 추정이 되나요?

택스 코디

상속개시일 이전 1년 내 2억 원 이상을 인출했으므로 상속 추정 대상입니다.

6천만 원(3억 원 × 20%)과 2억 원 중 적은 금액인 6천만 원보다 용도 불명 금액이 크므로 2억 4천만 원[20]을 상속세 과세 대상에 포함시킵니다.

그러나 1년 이내에 2억 원이 되지 않는 예금을 인출했다면 상속 추정 요건에 해당하지 않으므로 합법적으로 상속세를 줄일 수 있게 됩니다.

---

20 3억 원에서 둘 중 적은 금액인 6천만 원을 공제

세알못

1년 내에 인출한 금액이 2억 원에는 미달하지만 한꺼번에 인출된 금액이 1억 원이 있는데 문제가 없을까요?

 택스 코디

상속 추정 제도와는 별개로 이 돈이 상속인의 계좌로 이체되었다면 증여로 볼 가능성이 높습니다.

인출한 재산이 증여세 과세 대상이 되고 상속재산에 포함될 수 있으므로 현금 인출 시에는 이런 점에 유의할 필요가 있습니다.

가족들 모르게 거액을 기부한 뒤, 갑자기 사망하면 기부한 금액은 사전에 편법으로 상속된 것으로 추정되어 남아 있는 가족들은 전혀 예상치 못한 세금 폭탄을 맞을 수도 있습니다. 기부를 할 때에는 그 사실을 밝히는 것이 좋고 꼭 익명으로 기부를 해야 하는 경우[21]에는 최소한 가족들에게는 그 내용을 알려야 선의의 피해를

---

21 기부금 영수증을 받아 놓으면 소득세 신고 시 공제도 가능합니다.

입지 않게 됩니다.

 세알못

선의의 피해자가 되지 않기 위해서 어떻게 하면 좋을까요?

 택스 코디

결론부터 얘기하면 출금할 때는 사용 내역을 자세하게 기록해 두어야 합니다.

젊고 건강하던 사람도 하루아침에 운명을 달리할 수가 있습니다. 특히 연세가 많이 드신 분이라면 필히 지출 내역을 기록해 두어야 합니다. 그리고 만약을 대비해 계좌로 송금하고, 영수증도 잘 챙겨둘 필요가 있습니다. 통장의 여백에 입출금 내역을 간단하게 기록해 두면 도움이 됩니다.

세알못

상속전에 처분하는 모든 돈에 세금이 부과되는 건가요?

 택스 코디

상속재산으로 추성할지의 여부를 가릴 때는, 그 금액을 모두 합해 계산하는 것이 아니라, 재산의 종류별[22]로 나누어 판단합니다.

재산 종류별로 처분되거나 인출된 금액이 각각 기준 금액[23]에 미달하더라도, 그 금액이 예금 계좌를 통해 이체되는 등 피상속인이 생전에 상속인들에게 증여한 것이 명백한 경우에는 사전에 상속된 것으로 판단해 세금이 부과됩니다.

다음과 같은 경우에는 사전 상속으로 간주됩니다.

---

22 현금 / 예금 및 유가증권, 부동산 및 부동산에 관한 권리, 지적 재산인 무체 재산권과 기타 재산 등 3가지 종류로 구분

23 1년 이내 - 2억 원, 2년 이내 - 5억 원 이상

□ 피상속인이 재산을 처분하고 받은 금액이나 피상속인의 재산에서 인출한 금전 또는 채무를 부담하고 받은 금액을 거래 증빙 등을 제대로 갖추지 못해 그 거래 상대방이 확인되지 않는 경우

□ 거래 상대방이 금전 등을 받은 사실을 부인하거나 거래 상대방의 재산 상태 등으로 보아 금전 등의 수수 사실이 인정되지 않는 경우

□ 거래 상대방이 피상속인의 특수관계인으로서, 사회 통념상 지출 사실이 인정되지 않는 경우

□ 피상속인이 재산을 처분하거나 채무를 부담하고 받은 금전 등으로 취득한 다른 재산이 확인되지 않는 경우

□ 피상속인의 연령, 직업, 경력, 소득 및 재산 상태 등으로 보아 지출 사실이 인정되지 않는 경우

상속세 납부 방법, 연부연납제도

천재지변 등의 사유로 인해 세법해서 정한 각종 신고나 신청, 납부 등을 정해진 기한까지 할 수 없다고 인정되거나 납세자의 신청이 있는 경우에는 기한을 연장할 수 있도록 하고 있습니다. 그리고 납부 세액이 커서 한꺼번에 납부할 수 없으면 세금을 나누어 낼 수 있는 경우도 있고, 상속세나 증여세처럼 납부해야 하는 세액이 지나치게 큰 세금은 몇 년에 걸쳐서 세금을 나누어 낼 수도 있습니다.

세알못

기한 연장은 어떻게 하나요?

택스 코디

세금신고나 납부 기한 연장 사유에 해당되어 기한 연장

을 받고 싶으면, 신고기한의 만료일 3일 전까지 연장을 받고자 하는 기한과 사유 등을 기재한 문서로서 관할 세무서장에게 신청해야 합니다. 기한 만료일 3일 전까지 신청할 수 없다고 인정되는 경우에는 그 기한의 만료일까지 신청할 수 있습니다.

연장 승인이 나면 원칙적으로 3개월 이내로 기한이 연장될 수 있지만, 관할 세무서장의 재량으로 최대 9개월까지도 기한 연장이 가능합니다[24].

팁을 하나 드리자면, 간혹 납부고지서가 늦게 송달될 때가 있습니다. 심지어 납부기한이 지난 후에 도착할 때도 있습니다. 이런 경우에는 우편물이 도달한 날로부터 14일이 되는 날을 납부 기한으로 합니다. 고지서가 늦게 송달되면 바로 관할 세무서에 문의해서 납부 기한을 연장받을 수 있습니다.

상속세나 증여세는 납부 세액이 큰 경우가 많고, 또 세금을 납부할 재원이 마땅치 않은 경우가 많습니다. 세법에서는 상속세나 증

---

24 관할 세무서장이 납세자에게 납세 담보 제공을 요구할 수도 있습니다.

여세에 대해 2개월 이내에 분할하여 납부할 수 있는 제도 외에도 세금을 몇 년에 걸쳐 나누어 납부할 수 있는 연부연납[25] 제도를 두고 있습니다.

연부연납의 허가를 받으면 최고 5년간[26] 세금을 나누어 낼 수 있습니다[27].

부동산이나 유가증권 등을 상속받은 경우에는 그에 대한 세금을 현금이 아닌 상속받은 부동산이나 유가증권으로 납부할 수 있는 물납 제도를 활용해도 됩니다. 물납이 항상 허용되는 것은 아니라 상속받은 재산 중 부동산과 유가증권[28]의 가액이 해당 재산가액의 50%를 초과하고 상속세 납부세액이 2천만 원을 초과하면서 납부세액이 상속재산가액 중 금융재산가액을 초과하는 경우에 납세의무자가 관할 세무서장에게 신청하면, 허가 여부에 따라 해당 부동산과 유가증권에 대해서 물납을 할 수 있습니다.

----

25 납부세액이 2천만 원을 초과하는 경우 납세의무자가 납세 담보를 제공하고 신청하여 관할 세무서장이 허가할 경우에 가능

26 기업상속의 경우에는 10년간, 단 기업상속재산이 50% 이상인 경우에는 20년

27 연부연납하는 금액에 대해서는 연 2.1%의 가산금을 이자처럼 추가로 내야 합니다.

28 원칙적으로 주식은 제외하되, 비상장주식 외에는 상속 재산이 없거나 다른 상속 재산으로 상속세 물납에 충당하더라도 부족한 경우에는 비상장주식은 가능

그런데 물납으로 하면 제값을 못 받고 납부하는 경우가 많으니 되도록 현금을 마련해 납부하는 것이 더 낫습니다.

 세알못

연부연납에 대해 조금 자세히 설명해 주세요.

 택스 코디

연부연납은 납부할 세액이 2천만 원을 넘어야 하고 일반적으로 보통 6회로 나누어 연도별로 납부할 수 있습니다[29].

세금 설계에 따라 향후 상속세 예상액이 많이 나올거라 예상되는 경우에는 상속세 납부액에 대한 대비를 사전에 해두는 것이 좋습니다. 상속세 납부 대비를 하지 않은 상태에서 재산을 팔아서 또는 재산으로 납부할 수밖에 없기 때문에 제값을 받지 못할 가능성이 높기 때문입니다.

---

29 보증회사를 통해 납세보증보험증권을 제출하면 편리합니다. 증여세 등을 신고한 후에 관할 세무서로부터 안내를 받으면 됩니다.)

상속세 납부 대비책으로 장기저축이나 종신보험 같은 금융상품에 가입하는 것도 좋습니다.

부동산을 상속 시까지 보유하면?

상속 역시 소유권을 이전하는 방법에 해당됩니다.

상속개시일 현재 보유하고 있는 재산과 상속개시일로부터 10년 (상속인 외는 5년) 이내에 증여한 재산의 합계액이 상속세가 나오지 않는 범위 내에 있다면 상속이 발생한 때까지 재산을 보유해도 됩니다.

상속세는 일반적으로 상속공제(통상 10억 원)를 차감한 금액에 10~ 50%의 세율을 적용하므로 상속재산가액이 10억 원 이하라면 상속세가 발생하지 않습니다.

상속 후 바로 양도하는 경우 양도소득세가 발생하지 않습니다. 상속개시일로부터 6개월 내에 양도하는 부동산가액을 상속당시의 재산평가액으로 인정하기 때문에, 양도가액과 취득가액이 같아지므로 양도소득세가 발생하지 않게 됩니다.

세알못

상속 받은 재산이 부동산 밖에 없습니다. 시가로 10억 원 (기준시가 3억 원) 정도 됩니다. 그럼 6개월 내에 팔면, 세금 관계는 어떻게 되나요?

택스 코디

앞서 설명한 것처럼 상속개시일로부터 6개월 내에 양도하는 경우 양도가액이 상속재산가액이 되므로 양도소득세 계산 시 취득가액이 됩니다.

질문의 경우 상속재산가액이 10억 원이 되고 상속공제를 10억 원 적용하면 과세표준은 0원이 됩니다. 그러므로 상속세는 발생하지 않습니다.

양도소득세의 경우 양도가액과 취득가액이 모두 10억 원으로 같기 때문에 양도소득세도 나오지 않게 됩니다.

그러나 상속개시일로부터 6개월 후에 양도하는 경우라면 양도소득세 계산 시 취득가액은 상속당시 기준시가인 3억 원이 될 가능성이 높아 집니다. 상속 당시 객관적인 평가액이 없으면 기준시가가 취득가액이 되기 때문입니다. 그러므로 상속 부동산에 대한 양도소득세가 제법 많이 발생할 수 있습니다.

정리하면 상속개시일로부터 6개월 이후에 양도를 계획하면 취득가액을 미리 높여 두는 것이 유리합니다. 그러므로 평가기간(상속일 전후 6개월) 내의 매매가액이나 감정평가액 등을 미리 확보해 이를 신고해 두는 것이 좋습니다.

부자들의 경영권 승계

 세알못

운영하고 있는 회사의 주식 중 저의 지분을 자식에게 증여하거나 양도를 하고 싶은데, 어떻게 하는 것이 나을 까요? 회사 현황은 아래와 같습니다.

▫ **자본금** : 5천만 원
　※ 발행 주식 주 10,000주, 액면가 5,000원

▫ **지분 보유** : 사장 80%, 기타 제3자 20%

 택스 코디

비상장 주식회사로 대표이사가 보유한 주식을 증여하거나 양도하는 경우 다음과 같이 계산됩니다.

비상장 주식은 거래소에서 거래되지 않으므로 그 시가를 알 수 없습니다. 그러므로 증권거래법상의 평가 방법을 준용해 1주당 순손익 가치와 순자산 가치를 3과 2의 비율[30]로 가중평균해 재산 평가액 기준으로 합니다. 이렇게 평가된 금액이 순자산 가치의 80%에 미달하면 순자산 가치의 80%로 평가한 금액을 주식평가액으로 합니다.

한편 최대주주 등[31]이 가지고 있는 주식에 대해서는 할증평가를 합니다. 주식에 경영권 가치가 포함되어 있기 때문입니다. 그러나 2020년 이후부터는 국내세법상 중소기업은 영구적으로 할증평가를 하지 않고 비중소기업에 해당하는 경우에는 무조건 20%만큼 할증평가를 합니다.

1주당 순손익 가치를 12,000원, 1주당 순자산 가치를 10,000원 이라 가정하여 주식 평가액은 다음과 같습니다.

---

30 단. 부동산 과다 보유 법인은 2와 3의 비율

31 가장 주식을 많이 가지고 있는 특수관계 집단을 말함

□ **주식 평가금액** : 12,880원

= [(12,000원 × 3) + (10,000원 × 2)] × 115%

□ **증여재산가액** : 9,016만 원

= 12,880원 × 7,000주

□ **증여세 과세표준** : 4,016만 원

= 9,016만 원 – 5,000만 원

□ **산출세액** : 4,016,000원

= 4,016만 원 × 10%

회사 초기에 주식을 증여하면 증여세를 얼마 부담하지 않고도 회사를 넘길 수 있습니다. 그러나 증여일로부터 5년 내 상장해 이익(통상 3억 원 정도)이 발생하면 그 이익에 대해서는 추가로 증여세를 납부해야 합니다.

정리하면 세금 측면에서 회사의 경영권을 물려줄 때는 사업 초기가 유리합니다. 추후 회사가 커지게 되면 주식 가치도 같이 높아지기 때문입니다.

중소기업이나 중견기업을 영위하는 부모로부터 사전에 주식을 증여받거나 사후에 주식을 상속받은 경우 이에 대한 다양한 조세 특례제도가 있습니다.

　증여 시는 100억 원을 한도로 증여세를 10 ~ 20%로 과세되며, 상속 시는 최대 500억 원까지 상속공제를 해줍니다.

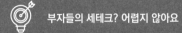 **부자들의 세테크? 어렵지 않아요**

명의를 분산하자
시기를 조정하자
손해와 이익은 상계하자
공제는 최대한 받자
비과세가 답이다
중과 여부를 체크하자
법인은 답이 아니다
부담부 증여 활용하기
증여세 절세 전략

부자들의
절세 전략

4

명의를 분산하자

단독명의보다 공동명의가 유리한 경우에는 누진세율이 적용될 때입니다. 누진세율이 적용되는 세금은 양도소득세, 종합부동산세, 임대소득세, 상속세 등이 있습니다.

지방세인 취득세와 재산세는 단일세율이 적용되므로 명의 분산에 상관없이 동일한 세금이 계산됩니다.

부동산을 양도하는 경우 발생하는 양도소득세는 누진세율(6~45%)이 적용되기 때문에 공동명의를 하면 소득이 분산되므로 분명히 세금은 줄어듭니다.

양도소득금액이 1억 5백만 원, 일반과세가 적용된다고 가정하여 단독명의와 공동명의일 경우 양도소득세가 각각 얼마나 계산되는지 살펴볼까요.

단독명의일 경우 과세표준 금액은 1억250만 원(양도소득금액 - 기본공제 = 1억5백만 원 - 250만 원)이므로 35%의 세율이 적용됩니다. 여기에서

누진공제 1,490만 원을 적용하면 2,097만 원(1억5,000만 원 × 35% -
1,490만 원)이 계산됩니다.

공동명의일 경우 소득금액은 각각 5,250만 원(1억250만 원 × 1/2) 입
니다. 그러므로 과세표준 금액은 5천만 원(5,250만 원 - 250만 원)이므로
24%의 세율이 적용됩니다. 여기에 누진공제 522만 원을 적용하
면 678만 원(5,000만 원 × 24% - 522만 원)이 계산됩니다. 공동명의이므
로 세금을 더하면 1,356만 원이 계산됩니다.

정리하면 단독명의보다 공동명의일 경우 740만 원 정도 세금이
적게 산출됩니다. 소득분산으로 절세효과가 발생한 것입니다.

그럼 조금 더 자세히 살펴 볼까요.

2020년 세법 개정으로 종합부동산세, 양도소득세 등이 대폭 강
화되었습니다. 그러므로 주택을 어떤 식으로 보유하는 것이 좋을
지 실익을 따져봐야 합니다.

 세알못

부부가 1주택(기준시가 9억 원)을 보유하고 있습니다. 공동명

의로 전환하는 게 유리할까요?

 택스 코디

　1주택을 보유하고 있는 경우 관심있는 세목은 종합부동
산세와 양도소득세 정도입니다.

　1주택자가 기준시가 9억 원(시세로 환산하면 15억 원 ~ 18억 원) 이하이면
종합부동산세는 과세되지 않습니다. 질문자처럼 9억 원을 초과하
는 경우라도 단독명의자는 최대 80%까지 세액공제가 가능하므로
공동명의자에 비해 세금 차이가 크게 발생하지 않습니다. 1주택
자의 경우에는 종합부동산세는 명의와는 관련성이 떨어진다고 볼
수 있습니다.

　양도소득세도 살펴볼까요. 양도소득세는 비과세가 폭넓게 적용
되므로 이 역시 명의의 중요성이 크지 않은 것이 일반적입니다. 단
양도 시 실거래가액이 9억 원이 넘는 고가주택의 경우에는 공동
명의에 따른 절세 효과가 다소 발생합니다.
　정리하면 기준시가 9억 원을 초과하고 실거래가도 9억 원을 초
과하면 공동명의가 다소 유리하고 기준시가가 9억 원 이하라면 공

동명의로 전환을 해도 세금 차이는 크지 않습니다.

그러나 2주택을 보유하고 있는 경우에는 종합부동산세와 양도소득세가 급증할 수 있으므로 주택을 어떤 식으로 보유하는가가 중요합니다.

1세대가 2주택을 보유하고 있는 상황에서 1인이 2채를 가지고 있는 경우와 2인이 분산 보유[01] 과세방식이 달라집니다.

2주택을 모두 1인이 보유하고 있다면 6억 원이 공제가 가능하나 2인이 분산 보유하고 있다면 12억 원까지는 공제가 가능하다는 것이 분산보유에 따른 가장 큰 장점입니다. 주택을 1인이 모두 보유하고 있는 것보다 2인으로 분산 보유하는 것이 종합소득세 절세에는 유리합니다. 그러므로 다주택자들이 분산 보유를 하면 연간 수백만 원의 절세 효과를 누릴 수 있습니다.

물론 양도소득세도 주택을 단독명의로 보유하고 있는 것보다 공동명의로 보유하는 것이 세금이 적게 나옵니다

---

01 각자 1주택씩 보유 또는 모두 공동 보유하고 있는 경우

시기를 조정하자

토지, 건물 등의 자산 거래는 매매계약 체결, 계약금 지급, 중도금 지급 그리고 잔금 지급 및 소유권 이전 과정을 거칩니다. 이런 거래 과정 중에서 어떤 단계를 기준으로 양도 시기나 취득 시기를 결정하는가를 알아야 합니다. 취득 시기와 양도 시기는 양도소득의 귀속연도, 장기보유 특별공제액 크기, 세율 적용 등을 결정하는 요인으로 세금의 크기에 영향을 주기 때문에 반드시 알아야 합니다.

유형		내용
유상 취득, 양도	원칙	대금을 청산한 날
	예외	- 대금 청산일이 분명하지 않은 경우 : 등기접수일 (또는 명의개서일) - 대금 청산 전에 이전등기를 한 경우 : 등기접수일
상속 또는 증여에 의한 취득		상속 : 상속이 개시된 날 증여 : 증여받은 날

통상적으로 취득, 양도 시기는 잔금지급일이지만, 그 이전에 소유권 이전등기가 이루어지면 등기접수일이 취득, 양도 시기가 됩니다.

양도소득세가 과세되는 부동산을 팔아서 5천만 원의 양도차익이 생긴 경우, 부동산 보유 기간이 2년 이상일 때와 하루가 모자라 2년이 안 되는 경우 세금 차이가 얼마나 발생하는지 살펴 볼까요[02].

> ▯ **보유 기간이 2년 이상인 경우 : 678만 원**
>   = 5천만 원 × 24% – 522만 원
>
> ▯ **보유 기간이 2년 미만인 경우 : 3천만 원**
>   = 5천만 원 × 60%

고작 하루 차이로 세금은 큰 차이가 발생됩니다. 매매계약서 상 잔금지급일과 등기접수일 중 빠른 날로 보는 취득 시기는 이미 결

---

02 주택은 보유기간이 1년 미만이면 70%, 1년 이상 2년 미만이면 60% 세율이 적용됩니다.

정되었으므로 절세를 위해 기간 조정은 양도 시기로 해야 합니다. 보유 기간 등이 세금에 영향을 미칠 때는 잔금 지급 시기나 소유권 이전등기 시기를 조정해 대처할 필요가 있습니다.

집을 사거나 팔 계획이 있다면 반드시 기억해야 할 날짜가 바로 '6월 1일'입니다. 이 날을 기준으로 집을 소유한 사람에게 1년치 재산세가 부과되며, 고가주택인 경우 종합부동산세까지 내야 되기 때문입니다.

자칫하면 하루 차이로 수십만 원에서 수백만 원의 보유세를 내는 상황이 발생하는 것입니다. 반대로 계약하기 전에 과세기준일을 제대로 이해하고 잔금 날짜를 정하면 보유세를 피해갈 수도 있습니다.

지방자치단체가 부과하는 주택분 재산세는 6월 1일 현재 보유한 집주인을 대상으로 합니다. 과세통지서를 받은 집주인은 7월과 9월에 절반씩 나눠 재산세를 내야 하며, 계좌이체나 신용카드 등을 통해 납부할 수 있습니다.

만약 5월 31일에 집을 팔고 잔금을 받았다면 올해 재산세를 낼 필요가 없습니다. 6월 1일에 집을 보유하게 된 새 주인이 재산세를 내기 때문입니다. 6월 1일에 집주인이 바뀌었더라도 기존 집주인은 재산세 과세대상에서 벗어날 수 있습니다.

반대로 집을 사는 사람이라면 6월 2일이나 3일에 잔금을 내는 것이 유리합니다. 6월 1일에는 기존 집주인의 소유였기 때문에 6월 2일에 바뀐 새 집주인은 재산세를 내지 않아도 됩니다. 그해 재산세 과세통지서는 기존 집주인이 받게 됩니다.

부동산 취득 기준일은 잔금 지급일과 등기일 중 빠른 날짜가 적용됩니다. 집을 사는 사람이 잔금을 6월 1일에 치르고 6월 2일에 등기를 해도 재산세를 내야 합니다.

국세청이 12월에 과세통지서를 보내는 종합부동산세도 재산세와 동일한 과세기준일을 적용합니다. 재산세를 납부하는 집주인들 가운데 고가주택을 보유한 과세대상자들을 선별하게 됩니다.

1주택만 보유했다면 공시가격 9억 원을 넘은 경우 종합부동산세 과세대상이며, 2주택 이상이면 공시가격 합계가 6억 원만 넘어도 과세대상에 포함됩니다.

6월 1일을 기준으로 공시가격 6억 원짜리 주택을 보유하면 7월과 9월에 납부할 재산세는 81만 원입니다. 여기에 도시지역분 504,000원(재산세 과세표준의 0.14%)과 지방교육세 162,000원(재산세액의 20%)을 포함하면 총 1,476,000원의 보유세를 내야 합니다.

공시가격 12억 원이면 재산세 225만 원과 도시지역분 1,008,000원, 지방교육세 45만 원 등을 합쳐 총 3,708,000원을 지자체에 내야 합니다. 1주택자인 경우 종합부동산세와 농어촌특별세를 합쳐 총 487만 원의 보유세를 내며, 다주택자는 849만 원의 보유세를 내는 것으로 계산됩니다.

손해와 이익은 상계하자

세상을 살다 보면 늘 이익만 볼 수는 없습니다. 때로는 손해를 볼 수도 있는데, 이는 부동산 투자도 마찬가지입니다. 매매 시 양도차손이 발생하기도 합니다. 손해를 봤다고 속상해만 할 것인 아니라 이를 이용해 양도소득세를 절감하는 방법도 있습니다.

과거 리먼브러더스 사태로 인해 부동산 가격이 크게 하락한 적이 있습니다. 세잘알 씨도 경기도 대형 아파트 가격이 폭락해 팔아야 할지, 계속 가지고 있을까를 고민하다 과감한 결단을 내렸습니다. 양도차손을 감수하고 매도한 뒤 그 현금을 가지고 인천 지역의 저렴한 매물을 사서 이른바 단타로 빠르게 팔아버리는 전략을 쓰기로 한 것입니다.

일반적으로 보유기간이 1년 미만인 부동산은 양도소득세율이 높기 때문에 단타 투자를 하면 많은 세금이 부과되어 손에 쥐는 이익이 별로 없습니다. 그런데 세잘알 씨는 양도차손과 차익이 합산된다는 것을 알고 있었습니다.

세법에서는 매년 1월 1일부터 12월 31일까지 2회 이상 부동산을 양도하여 발생한 양도소득은 차익이든 차손이든 상관없이 합산해 과세합니다. 그러므로 연초에 매도한 아파트에서 양도차손이 생겼기 때문에, 이후 단타를 통해 얻은 양도차익과 합산하면 실제 내야 할 양도소득세는 거의 없다 판단한 것입니다. 마이너스가 될 뻔한 수익률을 단타로 만회하고, 세금도 아낄 수 있었습니다. 세테크를 아주 잘 활용한 케이스입니다.

이처럼 손해를 볼 것 같은 물건이 있다면, 이익이 날 것 같은 물건과 같은 해에 매도하는 것도 양도소득세를 절세하는 좋은 방법입니다. 단, 이때는 다음 주의 사항을 꼭 기억해야 합니다.

한 해에 2회 이상 양도했는데 이 중 비과세되는 주택에서 양도차익이나 양도차손이 발생했다면, 다른 과세대상의 양도차익과 합산되지 않는 것에 주의해야 합니다.(양도차손도 합산하지 않습니다.) 비과세되는 부동산은 다른 과세대상 부동산에 아무런 영향을 주지 않습니다.

[양도소득세 절세 시 주의 사항]

☐ 양도차손은 같은 해 발생한 양도차익에서만 차감할 수 있으며, 다음 해로 이월하여 공제받을 수 없다.

☐ 양도차손은 개인별로 통산되므로, 가족 명의 양도차익에서 차감할 수 없다.

☐ 비과세되는 물건의 양도차손은 통산에서 제외한다.

☐ 양도차손은 같은 세율을 적용받는 자산의 양도소득금액에서 먼저 차감하고, 차손이 남는 경우 다른 세율을 적용받는 자산의 양도소득금액에서 차감한다.

 세알못

양도차손의 통산 관련해 주의해야 할 점은 무엇인가요?

 택스 코디

3가지만 주의하면 됩니다.

부자들의 절세 전략

첫째, 이 규정은 개인별로 적용 됩니다. 그러므로 남편이 양도한 것은 양도차손, 부인이 양도한 것은 양도차익이 발생한 경우, 이 둘은 통산하지 않습니다. 소득세는 개인별로 적용되기 때문입니다.

둘째, 비과세 부동산의 양도차손익은 통산하지 않습니다.

셋째, 주식에서 발생한 양도차손은 부동산과는 통산하지 않습니다. 세법에선 주식과 부동산은 양도차손을 통산하지 않기 때문입니다.

[양도차손익 통산 및 세율적용법]

구분		통산 및 세율적용
양도차익만 발생한 경우	누진세율 + 단일세율	과세표준합계액에서 세율적용과 각각의 산출세액 합계금액에서 둘 중 많은 세액 (비교과세)
	누진세율 + 누진세율	양도차익 합산 후 누진세율 적용
	단일세율 + 단일세율	양도차익 합산 후 단일세율 적용
양도차익과 양도차손이 발생한 경우	양도차손 + 양도차익	양도차손익 통산 가능
	양도차익 + 비과세 양도차손	양도차손익 통산 불가
	남편 양도차익 + 부인 양도차손	양도차손익 통산 불가

공제는 최대한 받자

세금은 기부금처럼 자발적으로 내는 것이 아니라 일정 요건이 충족되면 강제적으로 내야 하는 것이면서도, 세금 납부에 따른 직접적인 혜택이 없다는 특징 때문에 대부분의 사람은 어떻게 해서라도 세금을 적게 내려고 합니다.

관련 법규의 테두리 내에서 합법적인 방법으로 세금을 줄이는 것을 절세라고 합니다. 세금을 줄이면서도 뒤탈이 없는 절세법에는 다음과 같은 방법들이 있습니다.

[뒤탈이 없는 절세법]

- 평소에 각종 증빙 자료들을 잘 챙겨서 세금 신고 시 최대한 반영한다.

- 사업자라면 사업에 관련된 지출에 대해서는 세금계산서 등 세법에서 요구하는 적격증빙을 받는다.

- 소비를 할 때는 가능하면 신용카드 등으로 결제하거나 현금영수증을 받는다.
- 세금신고는 정해진 기간 내에 하고, 신고 시 관련 세법 규정에 있는 각종 공제나 감면 등의 혜택을 잘 활용한다.
- 근로소득에 대한 연말정산이나 소득세 신고 시 부양가족공제 등은 높은 세율이 적용되는 소득금액이 큰 사람이 받는다.
- 이익이 발생하는 재산은 한꺼번에 양도하지 말고 연도별로 나누어 분산해서 양도한다.

부동산을 팔게 되면 필연적으로 대부분 양도소득세가 발생합니다. 관건은 세금을 줄이는 데 있습니다. 부동산 처분 시 절세 습관에 대해 간단히 정리해볼까요.

먼저 비과세나 감면을 받기 위해서는 사전에 조건을 충족하는가를 점검해 봐야 합니다. 만약 요건을 충족하지 못하였다면 조건을 만든 후 처분해야 합니다. 취득 시기나 취득 유형에 따라 감면 요건이 달라질 수 있기 때문입니다.

보유 주택 수도 중요합니다. 보유한 주택이 많을수록 세금은 커지기에 미리 주택 수를 조절하는 것도 중요합니다. 30세 이상 결혼한 자녀 등의 명의로 주택을 취득하는 것도 좋은 방법입니다.

양도소득세가 과세되는 경우에는 세대를 분리해서 세금을 줄일 수도 있습니다. 자녀의 경우 30세 이상인 조건 없이 세대 분리를 허용하나, 30세 미만인 자는 결혼이나 이혼 또는 소득증빙이 있어야 인정된다는 것도 기억해 둡시다.

일시적 2주택자는 새로운 주택을 취득한 날로부터 2년(조정대상지역은 1년) 내에 기존주택을 처분해야 한다는 것도 기억해야 합니다.

세법은 부동산의 보유 기간에 따라 각종 제도를 차등해 놓고 있습니다. 가령 양도소득세는 보유 기간에 따라 중과세율이 적용되기도 합니다. 가능한 보유 기간을 2년 이상으로 해야 기본세율이 적용된다는 것도 주의해야 합니다.

장기보유특별공제는 최대 80%까지 적용됩니다. 사전에 얼마만큼 공제가 가능한가를 따져봐야 합니다.

필요경비는 양도가액에서 공제할 수 있습니다. 당연히 필요경비가 많을수록 세금은 줄어듭니다. 사전에 필요경비 처리가 가능한 항목을 숙지하고 적격증빙을 발급 받아 잘 보관하는 습관도 필수입니다.

양도소득세 신고는 양도일이 속하는 달의 말일부터 2개월 내에 해야 합니다. 신고 기한 이후에 신고를 하면 20%의 가산세를 물어야 합니다. 신고 기한을 지키는 것은 절세의 기본입니다.

증여세보다 양도소득세가 세금이 적어서 양도를 선택하는 경우가 많습니다. 단, 이때에는 실제 거래대금이 수수되어야 합니다. 만약 거래대금 관계를 입증하지 못하면 증여를 선택해야 하는데, 이런 경우 부담부증여(부채와 함께 증여하는 방식)를 이용하면 세금을 줄일 수 있습니다.

그리고 어쩌면 가장 중요한 것, 계약서에 사인을 하는 순간 세금 문제 또한 이미 결정되어 대안을 찾을 수 없으니 계약 전에 반드시 세금 문제를 따져봐야 합니다.

비과세가 답이다

가장 좋은 절세법은 뭐니뭐니해도 비과세 적용입니다. 그러므로 주택을 양도할 때 먼저 비과세를 적용 받는 것이 가장 좋습니다. 그렇기 때문에 주택 수가 조절이 가능하면 그렇게해서라도 비과세를 받는 것을 고려해 볼 필요가 있습니다.

실제 현장에선 비과세 유형이 다양하고 이를 적용받는 것이 힘들어 보일수도 있지만 사전에 비과세 유형을 미리 정리해 놓으면 많은 도움이 될 것입니다.

비과세 유형은 크게 두 가지로 정리할 수 있습니다.

변화하는 부동산 정책에서 실소유자는 대부분 비과세 적용 대상입니다. 실소유자란 투기 목적이 아닌 거주 목적으로 주택을 보유하는 사람을 말합니다.

세법에서는 1주택 또는 일시적 2주택자에 대해서는 비과세 요건을 갖춘 경우라면 비과세 적용이 무한정 가능합니다. 그러므로 실소유자들은 주택 수 산정 방법과 보유 및 거주요건 등에 대해서는 확실히 숙지하고 있어야 합니다.

그리고 비과세 특례 규정도 있습니다.

주택을 보유하는 사유가 부득이한 경우, 가령 1주택자가 상속이나 혼인, 동거봉양, 농어촌소재, 재건축 / 재개발 등에 의해 2주택자가 된 경우에는 일정한 조건하에 비과세 특례를 적용합니다.

알아두면 좋을 내용으로 동일 세대원간 상속이나 증여 등이 있는 경우, 비과세 판단을 위해 필요한 보유 및 거주기간은 명의 변경 전과 후의 기산을 합산합니다.

상속, 증여, 이혼으로 취득한 주택의 보유 및 거주기간 계산을 다음 표로 정리해 보았습니다.

[상속, 증여, 이혼으로 취득한 주택의 보유 및 거주기간 계산]

취득 구분		보유 및 거주기간 계산
상속	같은 세대원간 상속인 경우	같은 세대원으로서 피상속인의 보유 및 거주기간과 상속인의 보유 및 거주기간 통산
	같은 세대원간 상속이 아닌 경우	상속이 개시된 날부터 양도한 날까지 계산
증여	같은 세대원간 증여인 경우	같은 세대원으로서 증여자의 보유 및 거주기간과 증여 후 수증인의 보유 및 거주기간 통산
	같은 세대원간 증여가 아닌 경우	증여받은 날부터 양도한 날까지 계산

이혼	재산 분할로 취득	재산분할 전 배우자가 해당 주택을 취득한 날부터 양도한 날까지 보유 및 거주기간 통산
	위자료로 취득	소유권 이전등기 접수일부터 양도한 날까지 계산

※ 양도소득세 집행기준

거주요건은 세법을 적용할 때 해당 집에서 직접 거주해야 세금 혜택을 준다는 의미입니다. 주소만 되어 있는 것이 아니라 실제 거주를 해야 합니다. 주소만 되어 있고, 실제 거주하지 않는다면 원칙적으로 거주요건을 지키지 못한 것입니다.

세대가 분리되지 않는 한 가족들이 모두 거주해야 합니다. 그런데 직장이나 학업, 병역 등의 문제로 부득이하게 거주하지 못했다면 거주한 것으로 인정합니다.

1세대가 1주택에 대한 양도소득세 비과세를 받을 때 거주요건이 필요합니다[03]. 조정대상지역 주택이더라도 2017년 8월 2일 이전에 취득한 주택은 거주요건이 적용되지 않습니다.

조정대상지역에서 해제된 경우, 그 이후에 취득한 주택은 거주요건이 적용되지 않으나, 해제 전에 취득한 주택은 여전히 거주요건이 적용되니 주의해야 합니다.

03 모든 지역이 아니라 조정대상지역 내 주택에 한해서

1주택자더라도 고가주택에 대해서는 과세가 되는데, 이때 과세 되는 양도차익에 대해서 장기보유 특별공제가 최대 80%가 적용됩니다. 2020년은 2년 이상 거주, 2021년부터는 10년 이상 거주해야 80%가 적용됩니다. 그러므로 양도차익이 큰 경우에는 거주하지 않으면 세금이 많이 부과될 가능성이 큽니다.

거주요건이 적용되는 지역에서 2년 이상 거주하면 세금이 없을 수도 있지만, 이를 지키지 못하면 과세가 됩니다. 이를 정리하면 아래와 같습니다.

구분	거주요건 적용 지역	거주요건 충족 시	거주요건 불충족 시
1 세대 1 주택 (일시적 2 주택 포함)	조정대상지역	비과세	과세
주택임대사업자	전국	비과세	과세(중과세 가능)

 세알못

양도차익이 1억 원이고, 거주요건을 지키지 못해 과세 된다면 세금이 얼마나 나올까요?

택스 코디

장기보유 특별공제를 10%(1천만 원)라고 가정해서 계산해 볼까요.

> □ **양도소득금액 = 양도차익 - 장기보유 특별공제**
> 1억 원 - 1천만 원 = 9천만 원

여기에 세율 35%를 적용하면 1,660만 원(9천만 원 × 35% - 1,490만 원)이 됩니다.

중과 여부를 체크하자

중과주택은 중과 여부를 따지는 근거가 되는 주택을 말합니다. 헷갈려하지 않아야 할 것은 중과주택 그 자체가 중과되는 것은 아니라는 점입니다.

 택스 코디

A씨는 총 3채의 아파트를 보유하고 있습니다. 1채는 서울(기준시가 5억 원), 다른 1채는 수원(기준시가 3억 5천만 원), 나머지 1채는 강원도 춘천(기준시가 2억 원)에 있습니다. 중과주택 수는 몇 개 일까요?

춘천은 조정대상지역이 아닙니다. 그러므로 이 아파트는 중과 대상이 되지 않습니다. A씨의 중과주택 수는 2채입니다. 따라서 중과주택이 아닌 춘천 아파트를 팔 때는 중과세율이 아닌 일반세율이 적용됩니다.

정리하면 팔려고 하는 집이 조정대상지역 내에 있다면 신경 쓸 필요가 있지만, 그렇지 않다면 전혀 신경 쓸 필요가 없습니다. 중과주택이 몇 채이든 상관없습니다.

아래 세 가지 요건이 모두 포함되는 주택은 중과를 적용받고, 이 중 하나라도 포함되지 않으면 중과 적용이 되지 않습니다. 주택을 팔기 전에 이를 체크해 보면 중과 적용을 받는지, 만약 적용을 받으면 20%p가 가산되는지, 30%p가 가산되는가를 쉽게 알 수 있습니다.

❶ 팔려는 주택이 조정대상지역에 위치하는가?

제일먼저 검토해야 할 것은 팔고자 하는 주택이 조정대상지역 내에 위치하는 가입니다. 만약 조정대상지역이 아니라면 무조건 일반세율이 적용되므로 안심해도 됩니다[04].

---

04 2018년 4월 1일부터 투기지역에 대한 중과는 사라지고 조정대상지역에 대해서만 중과가 적용됩니다.

❷ 보유한 중과주택 수는 몇 채인가?

2021년 6월부터 1세대2주택자가 조정대상지역 내 주택을 팔면 중과세율 20%포인트를 적용하고, 1세대3주택자가 집을 팔면 중과세율 30%포인트가 중과 됩니다.

양도소득세 기본세율은 6~45%인데, 조정대상지역 2주택자는 26~65%로 오르고, 조정대상지역 3주택자는 36~75%로 세율이 올라가는 셈입니다.

❸ 중과 적용을 받지 않는 예외적 경우인가?

조세특례제한법에 의해 세제혜택을 받는 주택들은 대부분 중과 대상에서 제외됩니다.

IMF사태 이후 경기부양을 목적으로 1999년 ~ 2003년 사이 신축한 주택의 경우 5년간 양도소득세 면제 혜택을 주었는데, 면제 기간은 끝났지만 이후에도 소득세법 시행령에 의해 중과에서 제외됩니다. 도곡동 타워팰리스, 삼성동 아이파크를 처음으로 분양받은 경우가 대표적인 예입니다.

상속은 나의 의지와 관계없이 누군가의 사망에 의해 이뤄진 것이기 때문에, 상속일로부터 5년이 경과되지 않은 상속주택 역시 중과를 적용하지 않습니다. 상속 후 5년 내에 팔면 중과 배제되고,

그 이후부터는 중과를 적용합니다.

사용자 소유이면서 직원에게 10년간 무상으로 임대한 주택인 경우도 중과를 적용하지 않습니다. 사용자 개인의 투기를 위한 목적이라기보다 직원의 주거복지를 위해 쓰였다고 보기 때문입니다.

문화재주택도 비록 내 명의이긴 하나 실절적으로 중, 개축 등을 마음대로 할 수 없는 이유로 중과를 적용하지 않습니다.

저당권의 실행으로 취득 또는 채권변제를 대신해 취득한 주택, 즉 받아야 할 돈을 주택으로 대신 받은 경우에는 취득일로부터 3년이 경과하지 않았을 경우 중과를 적용하지 않습니다. 이 역시 주택을 매입하려는 의지와 상관없이 저당권이나 채권변제를 위해 어절수 없이 취득한 것이기 때문입니다.

장기 어린이집으로 5년 이상 사용하다가 폐업한 후, 6개월 이내에 팔아도 중과가 적용되지 않습니다.

 세알못

중과주택 수 계산 시 알아야 할 내용은 무엇이 있을까요?

택스 코디

중과주택 수를 계산할 때는 다음의 내용을 알아야 합니다.

[중과주택 수 계산 시 주의 사항]

☐ 먼저 중과주택 수는 개인별이 아니라 세대별로 합산합니다. 가령 서울에 부부가 자녀와 함께 살고 있는데, 남편과 아내, 자녀가 각각 서울 소재 주택을 한 채씩 소유하고 있다면 세대별 중과주택 수는 총 3채가 됩니다.

☐ 부동산매매업자가 보유한 재고자산으로서의 주택은 중과주택 수에 포함되지만, 산축판매업자가 보유한 주택은 중과주택 수에 포함되지 않습니다.

☐ 여러 세대가 살지만 하나의 주택으로 보는 다가구주택은 거주자가 선택할 경우 전체를 하나의 주택으로 봅니다.

☐ 공동상속 주택은 중과주택 수를 계산할 때 지분이 가장 큰 사람에게 소속된 것으로 봅니다. 지분 비율이 같다면 그 주택의 거주 중인 자 또는 연장자의 순으로 소유자를 결정합니다.

☐ 중과 대상 기준일은 양도일(잔금일과 등기접수일 중 빠른 날)입니다.

법인은 답이 아니다

집부자들의 절세수단으로 활용되던 법인 주택거래에 제동이 걸립니다. 정부가 2020년 6월 16일 법인 보유주택에 대한 종합부동산세와 양도소득세 부담을 극대화하는 내용의 세제개편 카드를 꺼냈기 때문입니다. 법인 설립을 세금 부담을 덜기 위한 수단으로 활용하기가 어려워질 정도로 대책의 수위도 높습니다.

정부는 우선 법인의 종합부동산세 부담을 크게 늘렸습니다. 현재는 개인과 법인에 대한 구분 없이 과세표준별 세율을 적용하지만 2021년부터는 법인 보유주택에 대해서만 별도의 최고세율이 일괄 적용됩니다. 조정대상지역 1주택을 포함해 2주택을 보유한 법인은 3%, 3주택 이상(조정대상지역 2주택 포함)을 보유한 법인은 4% 세율로 종합부동산세를 내야 합니다.

또 법인 보유주택에 대해서는 6억 원(1주택은 9억 원) 기본공제도 적용하지 않습니다. 종합부동산세는 공시가격 인별 합계액에서 기본공제를 빼고 계산을 시작하지만, 법인 보유주택에 대해서만 이를 적용하지 않는 것이어서 세부담 격차가 클 것입니다.

예를 들어 주택 3채를 보유한 A씨가 법인 2곳을 설립해 주택을 분산 보유한다면, 2020년에는 종합부동산세 공시가격 공제액이 6억 원에서 21억 원(개인 1주택 9억 원 + 법인별 6억 원)까지로 불어납니다. 공시가격 합계액이 20억 원이면 종합부동산세 0원도 가능한 구조가 됩니다.

하지만 2021년부터는 법인 보유주택은 공제를 받지 못하기 때문에 A가 법인을 세워 보유주택을 분산시키더라도 공제액은 6억 원 그대로입니다.

법인이 의무보유기간 8년인 장기임대주택(수도권 6억 원 이하, 비수도권 3억 원 이하)을 보유한 경우 종합부동산세를 비과세 해주고 있는데, 이 혜택도 조정대상지역의 경우 사라지게 됩니다[05].

법인의 양도소득에 대한 세금부담도 늘어납니다. 현재 법인의 주택양도시 양도차익은 법인소득에 포함해 10% ~ 25%의 법인세

---

05 정부 개편안 발표 다음날인 2020년 6월 18일 이후에 조정대상지역에 임대등록하는 주택부터 적용합니다.

율을 적용하고, 해당 양도차익의 10%만 추가로 과세하고 있습니다. 하지만 2021년부터는 추가과세 세율이 10%에서 20%로 늘어납니다.

가령 양도소득금액이 5억 원이면 현재 개인은 40%의 소득세율을 적용받지만, 법인은 20% 법인세율에 추가과세 10%를 얹더라도 30%세율이 적용되었습니다. 하지만 2021년부터는 추과과세가 20%로 인상되면서 같은 조건에서 법인도 합계세율이 40%로 오르게 됩니다.

법인 주택거래가 인기를 끌었던 이유 중 하나는 양도차익에 대해 소득세율보다 낮은 법인세율을 적용할 수 있기 때문이었는데 이부분 장점이 사실상 사라지는 것입니다.

법인에 대한 종합부동산세율 인상 및 단일세율 적용과 6억 원 공제폐지는 각각 2021년 종합부동산세 부과분부터 적용되며, 양도시 추가세율 확대는 2021년 1월 1일 이후 양도분부터 적용됩니다.

부담부 증여 활용하기

증여재산에 담보된 채무를 인수하는 요건으로 증여한 것을 '부담부 증여'라고 합니다.

부담부 증여를 하게 되면 부채는 양도, 기타부분은 증여에 해당합니다. 그러므로 증여자에게는 양도소득세, 수증자에게는 증여세가 부과됩니다.

부담부 증여를 하게 되면 증여세는 줄어들지만, 양도소득세는 증여자의 상황에 따라 중과세가 적용될 수 있으니 증여와 부담부 증여를 비교해서 결정해야 합니다.

일반적으로 양도소득세가 중과세 되면 부담부 증여가 불리한 결과를 초래하게 됩니다.

주택 증여 시 기준시가의 4% 정도가 취득세[06]로 부과됩니다. 그

---

06 조정대상지역 내 일정가액 3억 원 이상 주택 증여 시 세율 12%가 적용

런데 부담부 증여의 경우 유상부분과 무상부분이 결합되어 있으므로 이 둘을 나눠 세율을 계산하는 것이 원칙입니다. 따라서 주택 중 유상부분은 1~3%의 세율이 적용될 수 있습니다.

그러나 수증자가 부채를 감당할 능력이 없는 경우(미성년 자녀)에는 전체를 무상증여로 보아 4%를 적용합니다.

세알못

서울에 거주하고 있습니다. 주택(시가 5억 원, 담보된 채무 2억 원)을 자녀(25세)에게 증여하는 게 나을까요? 부담부 증여가 나을까요?

택스 코디

부담부 증여를 할 경우, 증여세는 채무를 차감한 금액 3억 원에 대해 과세됩니다.

3억 원에서 증여재산공제(5천만 원)를 차감하면 과세표준은 2억 5천만 원이 되고 세율(20%)을 곱하고 누진공제(1천만 원)을 받으면 4천만 원이 증여세가 됩니다.

만약 증여를 하게 된다면 증여세는 8천만 원이 산출됩니다.

증여세만 본다면 부담부 증여를 할 경우에 증여세가 반으로 줄어들게 되는 것입니다.

부담부 증여에서 부채는 양도소득세 과세대상이 됩니다. 양도소득세는 양도자의 상황(비과세, 일반과세, 중과세)에 따라 차이가 많습니다.

비과세인 경우에는 양도소득세가 발생하지 않습니다. 일반과세는 누진세율 과세, 6 ~ 45%의 세율로 과세됩니다. 중과세는 2주택 또는 3주택에 대한 중과세율(20%, 30%)이 더해서 적용됩니다.

취득가액이 2억 원이라 가정하고 일반과세와 중과세에 대한 양도소득세를 계산해 볼까요.

양도가액은 부채가액이므로 2억 원이 됩니다. 부담부 증여에 대한 취득가액은 8천만 원(2억 원 × 부채가액 / 총재산가액)이 됩니다. 그러므로 양도차익은 1억 2천만 원이 계산됩니다.

□ **일반과세가 적용되는 경우 : 2,710만 원**(지방소득세 포함 시 2,981만 원)

1억2천만 원 × 35% - 1,490만 원

□ **중과세가 적용되는 경우 : 5,110만 원**(지방소득세 포함 시 5,621만 원)

= 1억2천만 원 × 55% - 1,490만 원

정리하면 순수한 증여를 한다면 증여세만 8천만 원이 계산됩니다.

부담부 증여를 하게 되면 양도소득세 일반과세가 적용되면 4천만 원(증여세) + 2,981만 원(양도소득세) = 6,981만 원이 계산됩니다. 양도소득세가 중과세가 적용된다면 4천만 원(증여세) + 5,621만 원(양도소득세) = 9,621만 원이 계산되어 순수한 증여를 할 경우보다 세금이 더 많이 과세됩니다.

결국 증여자가 부담하는 양도소득세가 없거나 낮아야 부담부 증여에 의한 실익이 있는 것입니다.

 세알못

부담부 증여 시 주의할 점은 무엇인가요?

택스 코디

부동산 증여 시 인정되는 채무는 해당 재산에 담보된 채무(대출금, 전세보증금 등)이어야 합니다. 수증자가 미성년자인 경우 부채 부담 능력이 없으므로 채무가 인정되지 않을 수 있음에 유의해야 합니다.

부담부 증여에 인수된 부채는 수증자가 상환해야 합니다. 만약 증여자가 상환하는 경우에는 증여세가 부과될 수 있습니다.

배우자간에 부담부 증여를 하는 경우에는 양도소득세가 많이 나올 수 있으니 주의해야 합니다.

 세알못

부담부 증여 절차는 어떻게 되나요?

 택스 코디

부담부 증여에 대한 타당성 검토를 충분히 한 후, 부담부 증여에 대한 계약을 체결하고 등기를 합니다.

부담부 증여일이 속하는 달의 말일로부터 3개월 이내에

양도소득세 및 증여세를 신고 및 납부해야 합니다.

증여세 절세 전략

계획만 잘 짜면 자녀가 태어나서 30세가 될 때까지 최대 1억 4,000만원을 세금 없이 증여할 수 있는 방법이 있습니다. 세잘알 씨가 추천하는 10년 주기 '무상증여플랜'입니다.

10년 주기 무상증여플랜을 시작하며 유의해야 할 것은 증여재산 공제 방식을 이해하는 것입니다. 증여재산 공제는 증여일로부터 과거 10년 치를 합산하기 때문에 이를 간과하고 단순히 10살까지 2,000만 원, 20살까지 2,000만 원을 증여 시기와 관계없이 증여할 수 있다고 생각하다가는 증여세를 추징당할 수 있습니다.

신생아인 자녀에게 증여하는 경우와 10살 생일을 맞은 자녀에게 증여하는 경우를 비교해 보면 '증여일로부터 과거 10년 치를 합산한다'는 대목이 중요한 이유를 알 수 있습니다.

먼저 A씨가 신생아인 자녀에게 증여하는 경우, 자녀가 태어나자마자 2,000만 원을 증여하면 공제 주기가 10년이므로 자녀가

10살이 된 해에 2,000만 원을 또 세금없이 증여할 수 있습니다.

그런데, A씨가 10살 생일을 맞은 자녀에게 2,000만 원을 증여하고 자녀가 15살이 된 해에 다시 2,000만 원을 증여한 경우에는 증여세를 추징당할 수 있습니다. 15살에 2,000만 원을 받게 되면 증여일로부터 다시 역산했을 때 5년 전에 증여받은 것으로 계산돼 10년 공제 주기를 채우지 못하기 때문입니다.

이 경우 A씨 자녀는 15살에 증여받은 2,000만 원에 10살 때 받은 2,000만 원까지 합산한 증여액인 4,000만 원에 대해 2,000만 원을 공제받은 후 10% 세율(1억원 이하)에 신고세액공제 3%를 적용해 194만 원의 증여세를 내야 합니다.

그런데 A씨의 자녀가 15살이 아닌 20살이 됐을 때 2,000만 원을 물려받으면 세금은 없습니다. 10년을 역산해 합산하더라도 10년 공제 주기를 충족해 증여재산이 2,000만 원으로 계산되기 때문입니다. 게다가 19살에는 성년이 되기 때문에 성년 기준의 증여재산공제액인 5,000만 원을 적용받을 수 있기에 문제가 없습니다.

결론적으로 자녀가 태어나자마자 2,000만 원을 증여하고, 10살이 된 해에 2,000만 원을 추가 증여한 뒤 성년이 되고 20세인 해에 5,000만 원 그리고 30세에 5,000만 원을 증여하는 것이 가장 최선의 방법이라고 할 수 있습니다다. 0세 2,000만 원, 10세 2,000만 원, 20세 5,000만 원, 30세 5,000만 원를 증여해 총 1억4,000만 원을 세금 없이 증여하는 10년 주기 무상증여플랜이 완성되는 것입니다.

 세알못

목돈이 아니라 매월 얼마씩을 자녀에게 증여하는 건요?

 택스 코디

목돈이 부담돼 매년 소액을 누적해 증여하는 경우에도 절세플랜을 적용할 수 있습니다. 태어나자마자 200만 원을 증여하고 10년간 매년 200만 원을 증여하더라도 10살이 되는 해에 2,000만 원까지 합산되어 증여재산공제를 받을 수 있습니다.

다만 이 경우, 원칙상 증여할 때 마다 매번 신고해야 한다는 번거로움이 있습니다. 증여세는 증여한 시점에 신고해야 하기 때문입니다. 하지만 10년간 증여가액이 2,000만 원을 넘지 않으면 낼 세금이 없기 때문에 신고하지 않았다고 해서 문제가 생기지는 않습니다.

부 자 들 의

세 테 크 ?

어렵지않아요

국민 생활과 가장 밀접하고 경기 흐름과도 강한 연결성을 보여주는 부동산이기에, 너무 과열되도 문제이고 너무 침체되어도 안 됩니다. 그러므로 정부는 조세 정책을 통해 떨어질 거 같으면 조금 풀어주기도 하고, 올라갈 것 같으면 조이기도 합니다. 따라서 정부가 부동산 조세 정책을 어떤 식으로 운영하는가를 잘 살펴도 부동산 시장의 흐름을 어느 정도 예측할 수 있습니다.

2008년 리먼브러더스 사태가 발생한 후 우리나라 부동산 시장은 큰 침체기에 빠졌습니다. 매매가격뿐 아니라 전세가격까지도 하락했습니다. 우려의 목소리가 커지자 정부는 오랜 시간 침체되었던 부동산 시장에 경기부양 조세 정책을 펼쳤습니다.

2013년 발표한 4.1 부동산 대책으로 신규 혹은 미분양 주택이나 1가구1주택자가 보유한 주택을 구입할 경우 5년간 발생한 양도소득세를 전액 면제하였고, 부부 합산 연소득 6천만 원 이하 가구가 그해 말까지 생애최초 주택구입 시 취득세 등을 면제했습니다. 정부의 파격적인 정책으로 웅크린 부동산 시장은 움직이기 시작했습니다.

세테크에 능통한 부자들은 이때 주택들을 매수하는데 다른 주택은 거들떠보지 않고 오로지 1가구1주택자의 주택만 매수하기도 했습니다. 덕분에 시장은 활기를 되찾고, 이후 3 ~ 4년간 서울과 수도권의 부동산 시장은 호황을 맞았습니다.

호황을 누리던 부동산 시장이 과열양상을 보이자 정부는 다시 조세 정책을 강화합니다. 2017년 8.2 부동산 대책을 통해 양도소득세 중과 제도가 시행되고, 이어 2018년 9.13 대책, 2020년 7.10 대책 등 잇단 규제 대책이 발표되었습니다. 그 결과 부동산 시장은 새로운 조정 국면을 맞이하게 됩니다.

조세 정책은 부동산 시장을 좌우하는 중요한 기준입니다. 역대 부동산 시장과 조세 정책의 연관성을 살펴봐도 그렇습니다. 부동산 관련 정책은 그것이 부양책이든 억제책이든 대부분 세금과 관련이 있습니다.

시장이 과열되면 양도소득세율을 올려 가격 상승을 저지하고, 반대로 침체되면 비과세나 감면 제도를 확대해 경기를 부양합니다. 그러므로 세테크에 능한 투자자들은 조세 정책에 늘 주목하고 있습니다.

세금은 늘 움직입니다. 세테크란 단순히 내가 세금을 얼마나 내느냐의 문제를 넘어, 앞으로의 부동산 시장이 어떻게 움직일지 예측하는 것입니다.

이 책이 당신의 세테크 출발점이 되었으면 좋겠습니다.

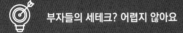
부자들의 세테크? 어렵지 않아요

이중 국적자의 소득세 부과

간주매매사업자에 주의하자

고급주택과 고가주택의 구분

조정대상지역으로 지정되면 꼭 알아야 할 내용

세금감면 시 주의사항

업계약서, 다운계약서 적발되면?

1세대 1주택자도 알아야 하는 세금

상속, 증여재산 스스로 평가하기

알아두면
도움되는
부동산
상식 사전

이중 국적자의 소득세 부과

　국내에 회사의 본점을 두고 있는 내국법인도 거주자처럼 국내외에서 발생하는 모든 소득에 대해 국내에서 법인세 납세 의무가 있는데, 이런 이유로 내국법인을 무제한 납세의무자[01]라고 합니다.

　그런데 외국에 본점들 두고 있는 외국법인은 비거주자처럼 국내에서 발생한 소득 중 법인세법에서 정하는 국내원천소득과 토지 등 양도소득에 한해 법인세 납세의무가 있습니다. 따라서 외국법인을 제한적 납세의무자[02]라고 합니다.

　소득세법상 거주자는 국내에 주소를 두거나 183일 이상의 거소

---

01 일반적으로 소득자가 거주자로 되어 있는 나라에서는 그 거주자의 전세계 소득에 대해 합산해서 과세

02 비거주자로 되는 경우에는 그 국가 내에서 발생된 소득에 대해서만 과세

를 둔 개인을 말하고, 비거주자란 거주자가 아닌 개인을 말합니다. 여기서 말하는 주소는 공부상의 주소를 의미하는 것이 아니라 국내에서 생계를 같이하는 가족 및 국내에 소재하는 자산의 유무 등 생활관계의 객관적 사실에 따라 판정됩니다. 그리고 거소는 주소지 외의 장소 중에 상당 기간에 걸쳐 거주하는 장소로서 주소와 같이 밀접한 일반적 생활관계가 형성되지 아니 한 장소를 의미합니다.

그런데 아래의 경우는 국내에 주소가 없거나 183일 미만 거주한 경우에도 국내에 주소를 가진 것으로 보아 거주자로 취급합니다.

□ 계속하여 183일 이상 국내에 거주할 것을 통상 필요로 하는 직업을 가진 때

□ 국내에 생계를 같이 하는 가족이 있고, 그 직업 및 자산 상태에 비추어 계속하여 183일 이상 국내에 거주할 것으로 인정되는 때

거주자의 개념은 일차적으로 각국의 국내법 규정에 따르게 되는데, 각국의 국내법을 적용하다 보면 하나의 사람이 동시에 여러

국가의 거주자에 해당될 수 있습니다. 이런 경우 거주자로 보게 되는 둘 이상의 국가에서 서로 거주지국의 입장에서 국내외의 모든 소득에 대해 과세하려고 함으로써 이중과세의 문제가 발생하게 됩니다. 이를 방지하기 위해 우리나라가 체결하고 있는 대부분의 조세조약에서는 하나의 사람이 양쪽 국가의 거주자에 해당하는 경우에 어느 국가를 거주지국으로 보는가에 대한 기준을 두고 있습니다. 이것을 통상 Tie Breaker Rule이라 하고 아래의 기준을 차례로 적용해서 거주지국을 결정합니다.

□ **항구적 주거**
일반적으로 가족관계 등 가족의 영구적 거주지를 의미한다.

□ **중대한 이해관계의 중심지**
일반적으로 직업 관계 등 인적, 경제적 관계가 밀접한 곳을 의미한다.

□ **국민**
국적을 기준으로 한다.

□ **상호합의**
권한있는 당국(국세청 등) 간의 합의를 말한다.

간주매매사업자에 주의하자

부동산 매매사업자는 임대사업자와 목적이 조금 다른데, 보통은 1년 미만의 단기 매도차익을 목표로 하는 사람들이 세금을 아끼기 위해 많이 등록하는 편입니다.

개인에게 적용죄는 양도소득세는 1년 미만 보유 시 77%(지방세 포함) 세율이 적용됩니다. 그런데 매매사업자는 이것을 사업소득으로 계산하기 때문에 양도소득세가 아닌 종합소득세로 납부할 수 있으므로 세금이 줄어들 수 있습니다[03].

매매사업자의 단점은 매매 시에 부가가치세(건물 가격의 10%)를 부담해야 한다는 것입니다. 아파트를 5억 원에 거래했고 그 중 건물의 가치가 3억 원이라면 부가가치세 3천만 원을 납부해야 합니다.

---

03 조정대상지역 내 부동산은 비교과세가 적용

결국 매매사업자 등록이 높은 양도소득세를 피하기 위한 수단이라고 하지만, 따져보면 꼭 그렇지 않을 수도 있습니다.

그런데 매매사업자 등록을 하지도 않았는데, 갑자기 과세당국이 부가가치세를 납부하라고 통보하기도 합니다[04].

정식으로 매매사업자 등록을 하지 않았지만 실질적으로 매매사업을 하고 있다고 판단되면 과세당국이 직권으로 그 사람을 매매사업자로 간주합니다. 간주매매사업자로 분류되면 부가가치세를 내야 합니다.

 세알못

어떤 경우에 간주매매사업자로 분류되나요?

 택스 코디

법적으로 어떤 경우에 간주매매사업자가 된다는 정확한 기준은 없습니다. 통상적으로 1과세 기간(6개월) 중 1회 이상 부동산을 취득하고 2회 이상 판매하면 간주매매사업자로

---

04 이런 경우가 간주매매사업자에 해당

봅니다.

　최근 몇 년 동안 이른바 갭투자가 유행하면서 실투자금이 적게 든다는 사실에 끌려 갑자기 열 채, 스무 채씩 아파트를 매입하는 사람들이 많았습니다. 사업자등록을 하지 않았으니 양도소득세만 내면 될 거라고 생각하고 말이죠. 그런데 어느 날 간주매매사업자로 분류되어 지금까지 낸 세금을 재정리해서 다시 납세하라는 통보를 받는 경우도 있습니다.

　참고로 85㎡ 이하의 소형주택은 부가가치세 대상이 아닙니다. 부가가치세애 있어서는 법인도 매매사업자와 똑같습니다. 그래서 법인은 85㎡ 이하의 소형 주택만 거래하는 것이 좋습니다.

고급주택과 고가주택의 구분

사치성 소비에는 개별소비세를 부과하는 등 상대적으로 무거운 세금을 물리고 있습니다. 세법에서는 일정 금액을 기준으로 사치성 소비여부를 구분하고 있습니다.

시계, 가방 등은 200만 원이 넘는 경우 개별소비세를 부과하고, 보석이나 가구는 500만 원이 넘는 경우 개별소비세 과세 대상으로 구분됩니다. 이름도 고급가방, 고급시계 등등 '고급'이라는 단어를 써서 구분하고 있습니다.

주택의 경우에도 '고급'주택을 구입하는 경우에는 일반주택보다 취득세를 아주 높게 부담하도록 하고 있습니다.

지방세법은 고급주택에 대해 일반세율에 중과세율을 더해서 최고 13.4%(지방소득세. 농특세 포함)의 취득세를 부과합니다. 일반주택이 1.1~3.5% 수준의 취득세를 부담하는 것과 비교하면 상당히 무거운 세금입니다.

그런데 취득세를 중과하는 고급주택은 개별소비세 대상처럼 단순히 가격만으로 구분하지는 않는다는 차이가 있습니다. 주택이라는 특수성 때문에 가격과 함께 면적이 고려되고, 복층인지 또는 집 안에 엘리베이터나 수영장이 있는지에 따라 고급주택이 되기도 합니다. 고급주택의 조건을 좀 더 알아볼까요.

고급주택도 기본은 비싼 집입니다. 주택 공시가격 6억 원이 넘는 것을 기본 요건으로 하고 있습니다.

다음은 면적입니다. 주택의 경우 주차장을 제외한 연면적이 331㎡(약 100평)를 초과하는 것으로 건축물 가액(시가표준액)이 9,000만 원을 초과하는 경우 고급주택이 됩니다.

주택 중에서도 건축물의 대지면적이 662㎡(약 200평)를 초과하며 그 건축물 가액이 9,000만원을 초과하는 주거용 건축물과 그 부속토지도 고급주택입니다.

주택이 아닌 아파트 등 공동주택은 공용면적을 제외한 연면적이 245㎡(약 74평)가 넘는 경우 고급주택이 됩니다. 복층인 경우에는 합산면적이 274㎡(약 83평)이 넘으면 고급주택으로 구분됩니다.

넓지 않지만 고급주택으로 구분될 수도 있습니다. 내부에 엘리베이터나 에스컬레이터, 수영장 등이 있는 주택이 바로 그런 경우입니다.

주택 내에 엘리베이터나 에스컬레이터, 수영장 중 하나만 있어도 고급주택으로 구분됩니다. 엘리베이터와 수영장의 경우 각각의 규모에 대한 기준은 정해져 있습니다.

엘리베이터의 경우 적재하중 200kg을 초과하는 엘리베이터가 설치돼야 합니다. 수영장은 67㎡(약 20평) 이상의 수영장이 있어야만 고급주택으로 구분합니다. 다만, 에스컬레이터는 규모와 상관없이 그 존재 자체만으로도 고급주택이 됩니다.

뒤집어 보면, 적재하중 200kg 이하의 소형 엘리베이터가 있거나 67㎡ 이하의 작은 수영장 정도는 고급주택과는 무관해서 낮은 취득세를 부담할 수도 있습니다.

지방세법상 취득세를 무겁게 부담하는 '고급주택'은 '고가주택'과는 다른 구분입니다. 고가주택은 지방세법이 아닌 소득세법에서 양도소득세를 부담하는 주택을 구분할 때 사용하는 용어입니다.

소득세법에서는 1세대1주택에 대해 양도소득세를 비과세하지만 9억 원을 초과하는 '고가주택'은 1세대1주택이더라도 9억 원 초과분만큼에 대한 양도소득세를 부담하도록 하고 있습니다.

조정대상지역으로 지정되면
꼭 알아야 할 내용

 2020년 2월 20일, 국토교통부장관은 수원시 영통구·권선구·장안구, 안양시 만안구, 의왕시를 조정대상지역으로 추가 지정했고, 11월 19일 부산시 해운대구, 수영구, 동래구, 연제구, 남구와 대구시 수성구, 경기 김포시가 조정대상지역으로 지정됐습니다. 이렇게 비조정대상지역이 조정대상지역으로 지정되면 '양도소득세 및 종합부동산세에서는 어떤 변화가 있을까.' 사례를 통해 살펴볼까요.

① 1세대 1주택 비과세 판정시 2년 이상 거주요건 적용

 2017년 8월 3일 이후 조정대상지역 내 취득하는 주택은 2년 이상 거주요건을 충족해야만 1세대 1주택 양도소득세 비과세를 적

용받을 수 있습니다.[05]

이 때 2년 이상 거주요건의 적용여부는 '취득일 현재'를 기준으로 판정합니다. 따라서, 양도일 현재 비조정대상지역에 해당한다 할지라도 취득일 현재 조정대상지역에 해당한다면 2년 이상 거주요건을 충족해야만 1세대 1주택 비과세를 적용받을 수 있습니다.

반대로 양도일 현재 조정대상지역에 해당하더라도 취득일 당시 비조정대상지역이라면 2년 이상 보유요건만 갖춰도 비과세를 적용받을 수 있습니다.

 세알못

2018년 4월 1일 용인시 수지구에 소재한 주택을 취득해 2020년 5월 1일 양도(양도일 현재 그 주택만 보유)하는 경우에는 어떻게 되나요?

 택스 코디

용인시 수지구는 2018년 12월 31일에 조정대상지역으

---

05 다만, 조정대상지역의 공고가 있은 날 이전에 매매계약을 체결하고 계약금을 지급했다면, 종전처럼 2년 이상 보유요건만 충족하면 비과세를 적용받을 수 있습니다.

로 지정됐고, 그 주택은 취득일 당시에는 비조정대상지역
이므로 2년 이상 보유요건만 충족하면 1세대 1주택 비과세
적용이 가능합니다[06].

② 일시적 2주택자의 비과세 특례 적용

2018년 9월 14일 이후 조정대상지역 내 일시적 2주택자는 비
과세를 적용받을 수 있는 중복 보유기간이 기존 3년에서 2년으로
단축됐습니다. 하지만, 정부는 2019년 12월 16일 부동산대책을
통해 조정대상지역 내 일시적 2주택 비과세특례 요건을 더욱 강
화합니다.

이에 따라 2019년 12월 17일 이후 조정대상지역 내 일시적 2
주택자는 신규 주택 취득일로부터 '1년 이내'에 신규 주택에 전입
하고, 신규 주택 취득일로부터 '1년 이내'에 종전 주택을 양도해
야만 일시적 2주택 비과세특례를 적용받을 수 있습니다.

이 때 조정대상지역 내 일시적 2주택자란 '신규 주택 취득일 현
재'를 기준으로 조정대상지역 내에 종전 주택이 있는 상태에서 조

---

06 해당 1세대가 계약금 지급일 현재 주택을 보유하고 있지 않아야 비과세 대상이 됩니다.

정대상지역 내의 신규 주택을 취득한 자를 의미합니다.

따라서, 종전 주택은 조정대상지역 내 소재하고 있으나 신규 주택이 비조정대상지역에 소재하고 있는 경우와 종전 주택은 비조정대상지역에 소재하고 있으나 신규 주택이 조정대상지역에 소재하고 있는 경우에는 종전처럼 3년의 중복 보유기간이 적용됩니다.

 세알못

2018년 4월 1일 서울 강남의 A주택(종전주택)을 취득한 상태에서 2020년 5월 1일 용인시 수지구 소재 B주택(신규주택)을 취득한 경우엔 어떻게 되나요?

 택스 코디

서울특별시는 2017년 9월 6일, 용인시 수지구는 2018년 12월 31일 조정대상지역으로 지정됐습니다. 따라서 신규주택 취득일 기준 종전주택 및 신규주택 모두 조정대상지역이므로 B주택 취득일로부터 1년 이내에 B주택에 전입하고, 1년 이내에 A주택을 양도해야 일시적 2주택 비과세특례가 가능합니다.

부자들의 세테크? 어렵지 않아요

❸ 다주택자 양도소득세 중과 적용

2018년 4월 1일 이후 양도소득세 중과대상 주택이 2채 이상인 다주택자가 조정대상지역 내 주택을 양도할 경우에는 양도소득세가 중과됩니다.

여기서 양도소득세가 중과된다는 의미는 장기보유특별공제가 배제되고 양도소득세율이 기본세율에 10%(2주택, 2021년부터는 20%) 또는 20%(3주택 이상, 2021년부터는 30%)가 가산되는 것을 말합니다.

다주택자 양도소득세 중과 적용여부는 '양도일 현재'를 기준으로 판정합니다. 따라서, 조정대상지역으로 지정되기 전에 주택을 취득했다 할지라도 양도일 현재 조정대상지역에 해당한다면 양도소득세가 중과됩니다.

다만, 조정대상지역의 공고가 있는 날 이전에 주택을 양도하기위해 매매계약을 체결하고 계약금을 지급받은 사실이 증빙서류에 의하여 확인되는 경우에는 양도소득세 중과가 적용되지 않습니다.

세알못

2018년 4월 1일 용인시 수지구 C주택을 취득해 2020년 5월 1일 양도(양도일 현재 다주택자)하는 경우엔 어떻게 되나요?

택스 코디

용인지 수지구는 2018년 12월 31일 조정대상지역으로 지정됐으므로 취득일 현재 조정대상지역에 해당하지 않지만 양도일 현재는 조정대상지역입니다. 따라서 C주택은 양도소득세가 중과됩니다.

4 종합부동산세 중과세율 및 300% 세부담상한율 적용

2021년부터 다주택자에 대한 세율이 일제히 올라갑니다. 고가주택을 보유한 다주택자들에게 세금을 더 걷겠다는 의미입니다.

2020년까지는 3주택 이상이나 조정대상지역 2주택 소유자에 대해 과세표준 구간별로 0.6~3.2%의 세율을 적용했지만, 2021년부터 1.2~6.0%까지 인상되었습니다. 세부담상한율도 150%가 아닌 300%가 적용됩니다.

그런데 종합부동산세는 과세기준일인 '6월 1일' 현재를 기준으로 과세대상 여부를 판정합니다. 따라서 조정대상지역으로 지정되기 전에 취득한 주택이라 할지라도 2주택 모두 과세기준일(매년 6월 1일) 현재 조정대상지역에 소재하고 있다면 중과세율과 300%의 세부담상한율이 적용됩니다.

부자들의 세테크? 어렵지 않아요

세알못

2015년 4월 1일 서울시 강남구에 소재하고 있는 D주택을 취득한 상태에서 2017년 5월 1일 용인시 수지구 소재 E주택을 취득_(D.E주택만 보유)했습니다. 이런 경우엔 어떻게 되나요?

 택스 코디

서울특별시는 2017년 9월 6일, 용인시 수지구는 2018년 12월 31일에 조정대상지역으로 지정됐으므로 F,G주택 모두 조정대상지역 지정 이전에 취득했습니다. 그러나 종합부동산세 과세기준일인 2020년 6월 1일 현재 모두 조정대상지역에 소재하므로 2020년분 종합부동산세는 중과세율 및 300%의 세부담상한율을 적용합니다.

세금감면 시 주의사항

세법에서 정한 일정 기준에 맞으면 세금을 깎아주는 감면제도 들이 있습니다. 세액공제, 세액감면, 소득공제 등 세금을 깎는 방식도 다양합니다.

그런데 세금감면을 받을 때에도 주의할 점이 몇가지 있습니다. 특히 많은 납세자들이 놓치고 있는 것이 농어촌특별세의 존재입니다. 농어촌특별세는 취득세와 종합부동산세, 레저세 등에 덧붙여 부과되기도 하지만 일부 감면받는 세액을 과세표준으로 부과되기도 합니다.

따라서 농어촌특별세의 존재를 모르고 세금이 줄어든다고 마냥 좋아서 넋놓고 있다가는 뜻하지 않는 가산세 부담을 하는 경우도 종종 있습니다.

감면세액을 과세표준으로 하는 농어촌특별세를 살펴보면, 우선 조세특례제한법과 관세법, 지방세법, 지방세특례제한법에 따라

소득세, 법인세, 관세, 취득세, 등록면허세를 감면 받으면 그 감면세액의 20%를 농어촌특별세로 부담하도록 돼 있습니다.

또 조세특례제한법에 따라 감면받은 이자소득세와 배당소득세 감면액의 10%도 농어촌특별세 납부대상입니다.

이렇게 세금감면과 농어촌특별세 부과가 동시에 발생하게 되는 구조입니다. 덩달아 납세자의 실제 세금감면액은 줄어들게 됩니다.

예를 들어 조세특례로 이자소득세를 1,000만 원 감면받았다면 감면받은 세액과 별개로 100만 원은 농어촌특별세로 내야 합니다. 이 때 납세자가 실제 체감하는 감면세액은 1,000만 원이 아니라 900만 원이 될 것입니다.

하지만 모든 세금감면에 대해 반드시 농어촌특세를 내야 하는 것은 아닙니다. 일부 예외가 적용되는 감면항목들도 있습니다.

국가나 지방자치단체에 대한 감면, 농어업인이나 농어업인 단체에 대한 감면, 중소기업에 대한 감면, 기술 및 인력개발이나 공익사업 등 국가경쟁력 확보를 위한 감면, 고용증대를 위한 감면 등은 농어촌특별세가 비과세 됩니다.

참고로 감면세액에 부과되는 농어촌특별세는 해당 본세의 신고 납부시기에 함께 신고납부를 해야 합니다.

예를 들어 법인세 감면세액에 부과되는 농어촌특별세는 법인세법 규정에 따라 법인세를 신고납부하면서 함께 신고납부해야 하는 것입니다. 단, 중간예납신고 때는 농어촌특별세를 납부하지 않습니다. 아울러 본세를 분납할 때는 분납비율에 따라 농어촌특별세도 분납이 가능합니다.

만약 농어촌특별세를 기한 내에 납부하지 않거나 부족하게 내는 경우에는 신고불성실가산세(10%)와 납부불성실가산세(1일당 0.025%)를 부담해야 한다는 것을 꼭 기억해야 합니다.

업계약서, 다운계약서 적발되면?

 세알못

업계약서, 다운계약서도 절세의 방법인가요?

 택스 코디

업계약서 또는 다운계약서는 사후에 적발될 확률이 높고 적발되면 큰 손해를 보게 됩니다.

업계약서는 실제 거래가격보다 높은 금액으로 쓴 계약서이고, 다운계약서는 더 낮은 금액으로 쓴 계약서를 말합니다. 양도차익을 조정할 목적으로 집을 살 때 업계약서를 쓰거나, 팔 때 다운계약서를 쓰는 경우가 가끔 있습니다.

그런데 과세자료가 점점 전산화되고 있고, 그에 따라 적발될 확률도 높아지고 있습니다. 만약 적발되면 1세대 1주택자에게 주어지는 비과세 혜택을 받을 수 없습니다.

2012년부터는 업계약서 또는 다운계약서를 쓰자고 요청한 사람뿐 아니라 그 요청에 응해주는 사람도 과세하기 시작했습니다. 2016년 11월 3일에 발표한 11.3 내책은 적발될 가능성을 더 높여 놓았습니다. 먼저 자진신고한 사람에게는 과태료를 면제해주었기 때문입니다.

적발되면 원래 내야 할 양도소득세애 부당행위에 해당하는 신고불성실가산세 40%가 부과되고, 납부불성실가산세가 매일 25 / 10,000 씩 부과딥니다.

기억도 가물가물한 몇 년 전의 업 또는 다운계약서가 어느 날 세금폭탄으로 돌아올 수 있으니 꼭 주의해야 합니다.

🗨❓ **세알못**

살인죄도 공소시효가 있는데, 세금도 그런 것이 있나요?

택스 코디

세금을 납부하지 않은 채 제척기간이나 소멸시효가 지났는데 과세당국이 조치를 취하지 않고 넘어갔다면, 비록 뒤늦게 과세당국이 지금이라도 세금을 납부하라고 독촉해도 낼 필요가 없습니다,

제척기간과 소멸시효의 차이는 연장이 되느냐 안 되느냐에 있습니다. 제척기간은 연장이 되지 않습니다. 중간에 변동사항이 있든 없든 상관없이 정해진 시점에 기간이 완료되는 것입니다.

그러나 소멸시효는 부과하는 주체가 일정한 움직임(내용증명 발송, 가압류 등)을 취하면 기간이 연장됩니다.

양도소득세는 제척기간이 적용되는 세금으로 기본적으로 5년, 무신고인 경우 7년을 적용합니다. 허위로 신고했다면 징벌적 세금까지 포함해서 10년이 적용됩니다.

가령 어떤 이가 2017년 1월 1일에 집을 매도하고 양도소득세를 적게 내려고 다운계약서를 썼다고 가정하면, 양도소득세의 확정신고일은 2018년 5월 말까지 이고 과세기산일은 2018년 6월 1일이 됩니다.

[권말부록] 알아두면 도움되는 부동산 상식 사전

제척기간은 이때부터 10년간 적용됩니다. 즉 이 사람은 2028년 6월 1일이 지나면 세금을 안 내도 됩니다. 하지만 만약 그 전에 발각되면 징벌적 가산세까지 추가해 어마어마한 세금을 물게 될 수도 있습니다. 참고로 상속세의 제척기간은 10년이며, 허위로 신고하면 15년입니다.

아파트 관리비는 법적으로 3년의 소멸시효가 적용됩니다. 아파트 관리비를 안 내고 3년만 버티면 그 관리비는 결국 안 내도 되는 것입니다. 단, 소멸시효는 중간에 변동사항이 있으면 기간이 연장되므로, 관리소장이 중간에 조치를 취한다면 다시 소멸시효가 연장됩니다.

가령 2년 11개월 동안 관리비를 안 내고 있었는데 마지막 달에 관리소장이 그 집에 대해 압류나 가압류를 걸거나, 이에 대한 내용증명을 보내면 소멸시효는 다시 연장됩니다.

1세대 1주택자도 알아야 하는 세금

2020년 6.17 부동산 대책 이후 한 달도 되지 않아 7.10 대책이 발표됩니다. 7월의 마지막 날에는 주택임대차보호법이 국회를 통과했고 8월 4일에는 부동산 3법이 통과됐습니다.

부동산 세제 개편을 보면 1세대 1주택도 증세를 피해 가기가 어렵게 되었습니다. 새로운 개정 세법에서 1세대 1주택 관련 부동산 세금에 대해 알아볼까요.

1세대 1주택자에 대한 취득세는 취득가액에 따라 1~3%로 종전과 동일합니다. 다만, 종전에는 3주택자까지는 1주택자와 동일하게 1~3%를 적용하다가 이번 개정 지방세법 시행령에서는 2주택자는 8%, 3주택 이상은 12%로 취득세율을 대폭 인상됩니다.

세알못

주택 수를 판정할 때 취득 전 주택수를 의미하는지, 아니면 취득하는 주택수도 포함하는가요?

택스 코디

취득일 현재 취득하는 주택을 포함해 주택수를 계산합니다. 즉, 현재 1세대 1주택자가 신규 주택을 취득하면 2주택자 세율인 8%, 1세대 2주택자가 신규 주택을 추가로 취득하면 3주택자 세율인 12%가 적용됩니다.

세알못

이사·학업·취업·직장이전 등을 목적으로 종전 주택을 팔지 않은 상태에서 새로운 주택을 취득(일시적 2주택자)했다면 1주택자 세율을 적용할지 아니면 2주택자 세율을 적용할 것인지 헷갈립니다.

택스 코디

이 경우에는 일시적 1세대 2주택으로 보아 1주택자 세율

부자들의 세테크? 어렵지 않아요

을 적용합니다. 다만, 종전 주택을 3년(조정대상지역은 1년) 내에
양도해야 합니다.

재산세는 세율 자체는 변화가 없지만 공시가격 상승으로 1주택
자라도 재산세는 늘어나게 됩니다.

종전의 종합부동산세는 1세대 1주택자에 대해서는 과세표준 구
간별로 0.5~2.7%의 세율을 적용했으나, 이번 개정법에는 종합부
동산세율을 0.6 ~ 3.0%로 상향했습니다. 서울의 아파트 중위가
격은 지난 5월에 이미 9억 원을 넘었습니다(KB국민은행 실거래가 기준). 서
울 아파트의 절반이 시세 9억 원을 넘었다고 하니 1세대 1주택자
가 종합부동산세 대상이 되는 사례가 늘어날 것으로 예상됩니다.

참고로 고정된 소득이 줄어드는 만 60세 이상 고령자가 1세대
1주택 요건을 충족하는 경우 연령별로 적용되는 세액공제율을 현
행 10~30%에서 20~40%로 상향되었습니다. 1세대 1주택자의
장기보유 세액공제 및 연령별 세액공제의 최대한도도 70%에서
80%로 상향한 것은 그나마 다행입니다. 그러나, 강남에 수십억을
호가하는 아파트 한 채만을 소유한 노인들은 수천만 원에 달하는
종합부동산세가 부담이 될 수도 있습니다.

기존에는 1세대 1주택의 경우 보유기간에 비례해 '3년 이상 보유 시 12% ~ 10년 이상 보유 시 80%'까지 장기보유특별공제를 적용했습니다. 이번 개정법에는 실거주 목적의 주택 소유를 유도하기 위해 장기보유특별공제 공제율을 보유기간과 거주기간에 비례해서 적용하도록 변경되었습니다.

즉, 본인이 직접 거주하지 않은 주택을 10년간 보유만 했다면 종전에는 80% 장기보유특별공제를 받을 수 있었으나 이번 개정으로 그 절반인 40%까지만 공제가 가능합니다. 10년 이상 거주해야 종전과 동일한 80% 공제를 받을 수 있습니다.

종전에는 1세대 1주택자, 조정대상지역 내 다주택자 등 양도소득세 계산 목적상 주택 수를 계산할 때 아파트 분양권은 주택으로 보지 않았습니다. 그러나, 이번 개정으로 재개발·재건축 조합원 입주권과 동일하게 분양권을 주택 수에 포함됩니다. 법 시행 이전에 보유하고 있던 분양권은 주택 수에 포함되지 않습니다.

 세알못

법 시행 이후 1주택자가 새로운 아파트 분양권에 당첨됐다면 1세대 2주택자가 되어 종전 주택 양도 시에 양도소득세가 중과되는가요?

택스 코디

이 경우에도 일시적 1세대 2주택으로 보아 일정 기한 내에 종전 주택을 양도하면 양도소득세가 비과세 됩니다.

상속, 증여재산 스스로 평가하기

부모로부터 주택을 증여받은 경우에는 증여세를 신고납부해야 합니다. 이 때 물려받은 재산의 가치를 평가하는 일이 무엇보다 중요합니다. 얼마를 증여받았는지를 알아야 증여세를 계산할 수 있기 때문입니다.

그런데 문제는 주택 등 부동산의 경우 예금이나 상장주식처럼 가치가 명확하지는 않다는 점입니다. 따라서 주택의 증여세를 내기 위해서는 몇가지 순서에 따라 가치를 평가하는 절차를 거칩니다.

가장 우선적으로는 시가를 찾아봐야 합니다. 증여일 전 6개월과 후 3개월 사이에 해당 주택에 대해 시가로 볼만한 거래가 있다면, 그 가격을 증여가액으로 평가하게 됩니다[07]. 가령 아버지가 1월에 구입한 아파트를 7월이 되기 전에 아들에게 증여했다면 아버지가

---

07 여기서 시가로 볼만한 거래는 매매, 감정, 수용. 경매. 공매가 해당됩니다.

구입할 때의 매매가가 아들이 받은 증여가액이 되는 것입니다.

마찬가지로 같은 기간에 해당 주택에 대해 감정평가가 이뤄졌거나 도로공사로 주택이 수용되거나 경매, 공매가 이뤄진 경우에도 증여가액으로 인정될 수 있습니다.

만약 시가로 볼만한 거래가 둘 이상이라면 증여일에 가장 가까운 때에 발생한 시가를 증여가액으로 보면 됩니다. 위 사례에서 아들이 증여받은 후 3개월 이내에 감정평가를 받는다면 아버지의 구입가격이 아닌 아들의 감정평가액이 증여가액이 될 수 있다는 것입니다.

그런데 해당 주택에 대해 이러한 시가로 볼만한 거래가 없는 경우에는 주변에서 비슷한 주택의 거래사례를 찾아서 세금을 계산해야 합니다[08].

아파트의 경우, 같은 단지의 같은 동에서 최근에 팔린 집이 있으면 그 금액을 유사매매사례가액, 즉 증여가액으로 보고 세금을 신고납부해야 한다는 것입니다.

유사매매사례는 증여일 전 2년 이내의 기간, 증여세 신고기한 후 6개월까지 사이에만 있으면 증여재산평가액으로 인정받을 수 있

---

08 세법에서는 유사매매사례라고 부릅니다.

[권말부록] 알아두면 도움되는 부동산 상식 사전

습니다. 공정성을 위해 납세자나 세무서장이 재산평가심의위원회에 심의를 신청하고 위원회가 시가로 인정하는 절차를 거칩니다.

이 때에도 증여주택과 면적, 위치, 용도 및 기준시가가 동일해야 유사매매사례로 인정받기 쉬운데, 문제는 납세자가 유사매매사례를 찾는 게 결코 쉬운 일은 아닙니다.

세알못

주변 아파트나 주택 중에서 면적이나 위치가 비슷한 아파트가 언제 어떻게 팔렸는지 찾기가 어렵습니다. 아파트가 아닌 주택이라면 더욱 사례를 찾는 일이 힘들어 집니다. 좋은 방법은 없나요?

택스 코디

다행히 국세청에서는 '상속증여재산 스스로 평가하기' 서비스를 제공하고 있습니다. 이 서비스를 이용하면 유사매매사례를 납세자가 직접 수월하게 찾을 수가 있고, 증여재산을 평가해서 세금을 미리 계산해볼 수도 있습니다.

부자들의 세테크? 어렵지 않아요

'상속증여재산 스스로 평가하기'는 국세청 홈택스에 로그인 후에 이용할 수 있습니다. 주택의 종류와 평가기준일, 주택의 소재지 등을 입력하면 증여받은 주택 주변에서 유사매매사례가 될 수 있는 주택거래가액 목록을 모두 띄워줍니다

만약 여러가지 매매사례가 조회될 경우 납세자는 세금을 줄이기 위해 최대한 낮은 금액의 매매사례를 선택하기 마련인데, 이렇게 신고납부한 세금은 세무서에서 처리할 때 다른 평가액으로 결정될 수도 있다는 점을 알고 있어야 합니다.

만약 시골 주택처럼 유사매매사례조차 찾기 어려운 경우라면 국토교통부에서 공시한 기준시가로 세금을 신고하면 됩니다. 이 선택 역시 나중에 국세청이나 세무서에서 유사 매매사례를 찾아낸다면 기준시가를 통한 납세자의 신고납부액이 인정되지 않고, 새롭게 과세가 될 수 있습니다.

[저자와의 질문 및 무료상담]

메일　　guri8353@naver.com
블로그　blog.naver.com/guri8353

부자들의
세테크?
어렵지 않아요

초판발행일 | 2021년 1월 5일

지 은 이 | 최용규
펴 낸 이 | 배수현
표지디자인 | 유재헌
내지디자인 | 박수정
제　　작 | 송재호
홍　　보 | 배보배
물　　류 | 최낙필

펴 낸 곳 | 가나북스 www.gnbooks.co.kr
출 판 등 록 | 제393-2009-000012호
전　　화 | 031) 959-8833(代)
팩　　스 | 031) 959-8834

ISBN 979-11-6446-029-8(03320)